고려대 한국어

고려대학교 한국어센터 편

1B

English Version

KU PRESS
고려대학교출판문화원

책을 내며

고려대학교 한국어센터는 1986년 설립된 이래 한국어와 한국 문화를 재미있게 배우고 효과적으로 가르치는 방법을 연구해 왔습니다. 《고려대 한국어》와 《고려대 재미있는 한국어》는 한국어센터에서 내놓는 세 번째 교재로 그동안 쌓아 온 연구 및 교수 학습의 성과를 바탕으로 하고 있습니다.

이 책의 가장 큰 특징은 한국어를 처음 접하는 학습자도 쉽게 배워서 바로 사용할 수 있도록 구성했다는 점입니다. 한국어 환경에서 자주 쓰이는 항목을 최우선하여 선정하고 이 항목을 학습자가 교실 밖에서 사용할 수 있도록 연습 기회를 충분히 그리고 다양하게 제공하고 있습니다.

이 책을 내기까지 많은 분들의 도움을 받았습니다. 먼저 지금까지 고려대학교 한국어센터에서 한국어를 공부한 학습자들께 감사드립니다. 쉽고 재미있는 한국어 교수 학습에 대한 학습자들의 다양한 요구가 없었다면 이 책은 나오지 못했을 것입니다. 그리고 한국어 학습자들의 요구에 부응하기 위해 열정적으로 교육과 연구에 헌신하고 계신 고려대학교 한국어센터의 선생님들께도 감사드립니다.

무엇보다 한국어 학습자와 한국어 교원의 요구 그리고 한국어 교수 학습 환경을 종합적으로 고려한 최상의 한국어 교재를 위해 밤낮으로 고민하고 집필에 매진하신 고려대학교 국어국문학과 김정숙 교수님을 비롯한 저자분들께 깊은 감사를 드립니다. 이 밖에도 이 책이 보다 멋진 모습을 갖출 수 있도록 도와주신 고려대학교 출판문화원의 윤인진 원장님과 직원 여러분께도 감사드립니다. 그리고 집필진과 출판문화원의 요구를 수용하여 이 교재에 맵시를 입히고 멋을 더해 주신 랭기지플러스의 편집 및 디자인 전문가, 삽화가의 노고에도 깊은 경의를 표합니다.

부디 이 책이 쉽고 재미있게 한국어를 배우고자 하는 한국어 학습자와 효과적으로 한국어를 가르치고자 하는 한국어 교원 모두에게 도움이 되기를 바랍니다. 또한 앞으로 한국어 교육의 내용과 방향을 선도하는 역할도 아울러 할 수 있게 되기를 희망합니다.

2019년 7월

국제어학원장 박성철

이 책의 특징

《고려대 한국어》와 《고려대 재미있는 한국어》는 '형태를 고려한 과제 중심 접근 방법'에 따라 개발된 교재입니다. 《고려대 한국어》는 언어 항목, 언어 기능, 문화 등이 통합된 교재이고, 《고려대 재미있는 한국어》는 말하기, 듣기, 읽기, 쓰기로 분리된 기능 교재입니다.

《고려대 한국어》 1A와 1B가 100시간 분량, 《고려대 재미있는 한국어》 말하기, 듣기, 읽기, 쓰기가 100시간 분량의 교육 내용을 담고 있습니다. 200시간의 정규 교육 과정에서는 여섯 권의 책을 모두 사용하고, 100시간 정도의 단기 교육 과정이나 해외 대학 등의 한국어 강의에서는 강의의 목적이나 학습자의 요구에 맞는 교재를 선택하여 사용할 수 있습니다.

《고려대 한국어》의 특징

▶ **한국어를 처음 배우는 학습자도 쉽게 배울 수 있습니다.**

- 한국어 표준 교육 과정에 맞춰 성취 수준을 낮췄습니다. 핵심 표현을 정확하고 유창하게 사용하는 것이 목표입니다.
- 제시되는 언어 표현을 통제하여 과도한 입력의 부담 없이 주제와 의사소통 기능에 충실할 수 있습니다.
- 알기 쉽게 제시하고 충분히 연습하는 단계를 마련하여 학습한 내용의 이해에 그치지 않고 바로 사용할 수 있습니다.

▶ **학습자의 동기를 이끄는 즐겁고 재미있는 교재입니다.**

- 한국어 학습자가 가장 많이 접하고 흥미로워하는 주제와 의사소통 기능을 다룹니다.
- 한국어 학습자의 특성과 요구를 반영하여 명확한 제시와 다양한 연습 방법을 마련했습니다.
- 한국인의 언어생활, 언어 사용 환경의 변화를 발 빠르게 반영했습니다.
- 친근하고 생동감 있는 삽화와 입체적이고 감각적인 디자인으로 학습의 재미를 더합니다.

▶ **한국어 학습에 최적화된 교수 학습 과정을 구현합니다.**

- 학습자가 자주 접하는 의사소통 과제를 선정했습니다. 과제 수행에 필요한 언어 항목을 학습한 후 과제 활동을 하도록 구성했습니다.
- 언어 항목으로 어휘, 문법과 함께 담화 표현을 새로 추가했습니다. 담화 표현은 고정적이고 정형화된 의사소통 표현을 말합니다. 덩어리로 제시하여 바로 사용하게 했습니다.
- 도입 – 제시 · 설명 – 형태적 연습 활동 – 유의적 연습 활동의 단계로 절차화했습니다.
- 획일적이고 일관된 방식을 탈피하여 언어 항목의 중요도와 난이도에 맞춰 제시하는 절차와 분량에 차이를 두었습니다.
- 발음과 문화 항목은 특정 단원의 의사소통 과제와 긴밀하게 연결되지는 않으나 해당 등급에서 반드시 다루어야 할 항목을 선정하여 단원 후반부에 배치했습니다.

《고려대 한국어》의 구성

▶ **1A와 1B는 각각 5단원으로 한 단원은 10시간 정도가 소요됩니다.**

▶ **한 단원의 구성은 아래와 같습니다.**

▶ **교재의 앞부분에는 '이 책의 특징'과 '단원 구성 표'를 배치했고, 교재의 뒷부분에는 '정답'과 '듣기 지문', '어휘 찾아보기', '문법 찾아보기'를 부록으로 넣었습니다.**

- 부록의 어휘는 단원별 어휘 모음과 모든 어휘를 가나다순으로 정렬한 두 가지 방식으로 제시했습니다.
- 부록의 문법은 문법의 의미와 화용적 특징, 형태 정보를 정리했고 문법의 쓰임을 확인할 수 있는 전형적인 예문을 넣었습니다. 학습자의 모어 번역도 들어가 있습니다.

▶ **모든 듣기는 MP3 파일 형태로 내려받아 들을 수 있습니다.**

《고려대 한국어 1B》의 목표

일상생활에서의 간단한 의사소통을 할 수 있습니다. 하루 일과, 음식 주문, 휴일 계획, 날씨 등에 대해 이야기할 수 있습니다. 한국어의 시제를 구별하여 사용할 수 있습니다.

About the Textbook

KU Korean Language and *KU Fun Korean* adopt a "task-based approach with forms in consideration". The former integrates language items, language skills, and culture while the latter separates language skills into speaking, listening, reading, and writing.

KU Korean Language composed of 1A and 1B offers a 100-hour language course, and *KU Fun Korean* also contains a 100-hour course for speaking, listening, reading, and writing as a whole. Therefore, using the six volumes of the two together makes up a regular 200-hour language program. In the case of 100-hour short language programs or Korean language courses in overseas universities, these volumes can be selectively used according to the purpose of the program or the needs of the learner.

About *KU Korean Language*

▶ **The textbook helps even beginners learn Korean in an easy way.**

- The level of target achievement is moderated in accordance with the International Standard Curriculum of Korean Language. It aims to facilitate accurate and fluent use of key expressions.
- By restricting the range of language expressions for input, more focus can be placed on topics and communicative skills while alleviating pressure put on the learner.
- Learners can readily understand what they learn thanks to easy explanations and also immediately apply their knowledge to practice by completing a sufficient number of exercises.

▶ **The textbook is a fun and interesting textbook that can motivate the learner.**

- It addresses the topics and communication skills that the Korean language learner is highly interested in as they are frequently used in real life.
- By reflecting the needs and goals of the Korean language learner, expressions are clearly presented along with various activities for practice.
- It reflects the fast-changing Korean language lifestyle and environment.
- Familiar and engaging illustrations, as well as stereoscopic and stylish design, add fun to learning Korean.

▶ **The textbook offers a curriculum optimal for Korean language teaching and learning.**

- The communicative tasks included are directly related to the learner's daily life. Each unit is structured for the learner to learn essential language items before performing tasks.
- Vocabulary, grammar, and discourse expressions are newly added to the language items. Discourse expressions are defined as fixed and formulaic expressions, and they are presented as a chunk to ensure that learners can use them right away.
- Each unit consists of the Introduction, Presentation, Form Practice Activity, and Meaningful Practice Activity.
- While avoiding a uniform and rigid structure, the procedures and length of content presented varies in tandem with the importance and difficulty of language items.
- The pronunciation and cultural items that the learner is expected to know, not necessarily linked to the communication tasks in the unit, are selected and arranged at the end of each unit.

The Composition of *KU Korean Language*

▶ **1A and 1B consist of 5 units each, and each unit requires 10 hours.**

▶ **Each unit is structured as follows:**

▶ **About the Textbook, Syllabus are arranged in the beginning of the book, and Correct Answer, and Listening Script, the Vocabulary and Grammar Index are placed in the appendix.**

- The Vocabulary Index in the appendix is listed in two ways: by unit and in Korean alphabetical order.
- Grammar in the appendix outlines meaning, pragmatic features, and information on the forms with sample sentences and grammar usage. They are also included with English translations.

▶ **All audio files can be downloaded as MP3 files.**

Learning Objectives of *KU Korean Language 1B*

Learners can take part in simple conversations on everyday life. They can speak about topics such as daily schedules, ordering food, holiday plans, and weather. They can distinguish and use different Korean tenses correctly.

등장인물이 나오는 장면을 보면서 단원의 주제, 의사소통 기능 등을 확인합니다.

The learner looks at the scene and checks the topic of the unit and conversational skills.

어휘의 도입 Introduction of vocabulary

- 목표 어휘가 사용되는 의사소통 상황입니다.
  It is a conversational situation where the target vocabulary is used.

어휘의 제시 Vocabulary usage

- 어휘 목록입니다. 맥락 속에서 어휘를 배웁니다.
  This is a list of vocabulary. The learner can learn the words in context.
- 그림, 어휘 사용 예문을 보며 어휘의 의미와 쓰임을 확인합니다.
  The learner looks at the images and sample sentences and checks the meaning and usage of vocabulary in context.

단원의 제목 Title of the unit

생각해 봐요 Let's think

- 등장인물이 나누는 간단한 대화를 듣고 단원의 주제와 의사소통 목표를 생각해 봅니다.
  The learner listens to a short conversation and thinks about the topic and communication objectives of the unit.

학습 목표 Learning objectives

- 단원을 학습한 후에 수행할 수 있는 의사소통 목표입니다.
  They are the communicative objectives students are expected to achieve after completing the unit.

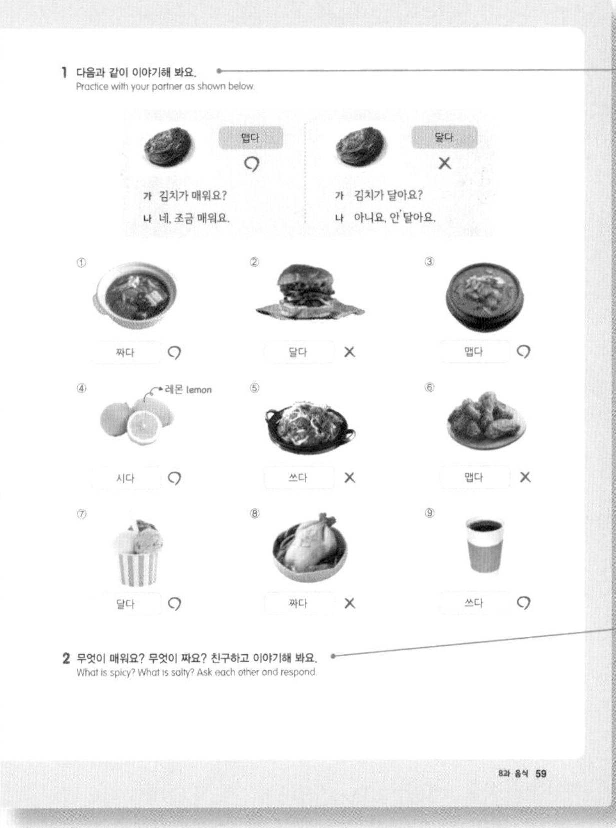

어휘의 연습 1 Vocabulary practice 1

- 배운 어휘를 사용해 볼 수 있는 말하기 연습입니다.
  It is a speaking activity for learners to use the words they have learned.
- 연습의 방식은 그림, 사진, 문장 등으로 다양합니다.
  Various methods such as photos, pictures, or sentences are used for practice.

어휘의 연습 2 Vocabulary practice 2

- 유의미한 의사소통 상황에서 배운 어휘를 사용하는 말하기 연습입니다.
  It is a speaking activity for learners to practice the words they have learned in a meaningful communicative context.

이 책의 특징 About the Textbook

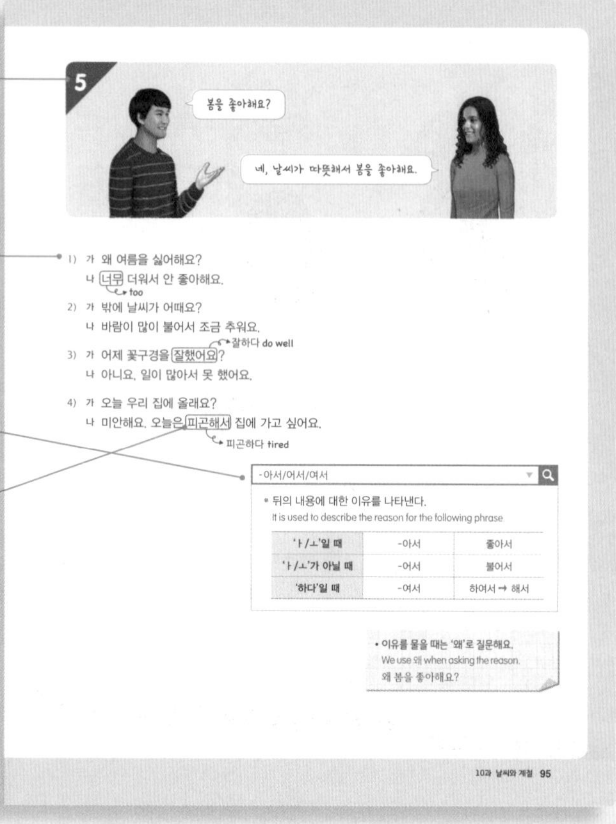
5

봄을 좋아해요?

네, 날씨가 따뜻해서 봄을 좋아해요.

1) 가 왜 여름을 싫어해요?
나 너무 더워서 안 좋아해요.
too

2) 가 밖에 날씨가 어때요?
나 바람이 많이 불어서 조금 추워요.

3) 가 어제 꽃구경을 잘했어요?
잘하다 do well
나 아니요, 일이 많아서 못 했어요.

4) 가 오늘 우리 집에 올래요?
나 미안해요. 오늘은 피곤해서 집에 가고 싶어요.
피곤하다 tired

-아서/어서/여서

• 뒤의 내용에 대한 이유를 나타낸다.
It is used to describe the reason for the following phrase.

'ㅏ/ㅗ'일 때	-아서	좋아서
'ㅏ/ㅗ'가 아닐 때	-어서	불어서
'하다'일 때	-여서	하여서 → 해서

• 이유를 물을 때는 '왜'로 질문해요.
We use 왜 when asking the reason.
왜 봄을 좋아해요?

10과 날씨와 계절 95

문법의 도입 Introduction of grammar

- 목표 문법이 사용되는 의사소통 상황입니다.
  It is a communicative situation where the target grammar is used.

문법의 제시 Grammar usage

- 목표 문법의 의미와 쓰임을 여러 예문을 통해 확인합니다.
  Various sample sentences show the meaning and usage of the target grammar.
- 목표 문법을 사용하기 위해 알아야 하는 기본 정보입니다.
  It provides basic information for the learner to use the target grammar.

새 단어 New words

- 어휘장으로 묶이지 않은 개별 단어입니다.
  They are individual words, not included in the list of vocabulary.
- 문맥을 통해 새 단어의 의미를 확인합니다.
  The meaning of the new words can be checked in context.

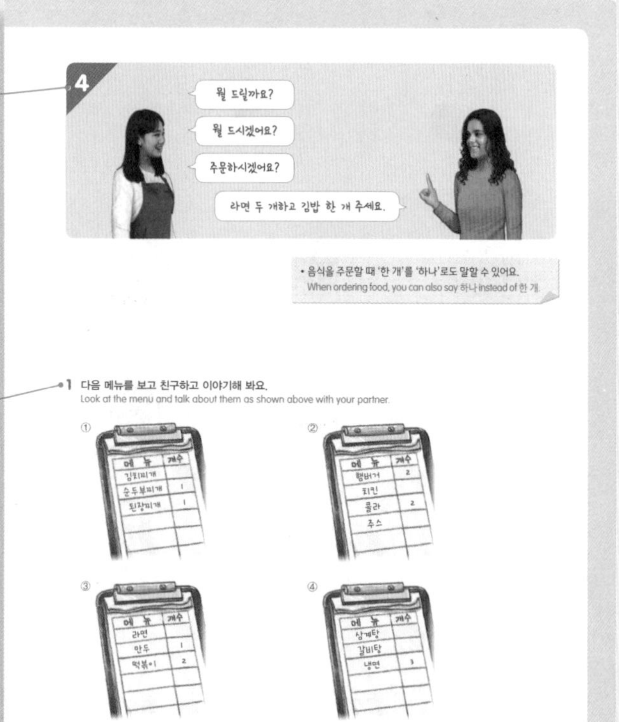
4

뭘 드릴까요?

뭘 드시겠어요?

주문하시겠어요?

라면 두 개하고 김밥 한 개 주세요.

• 음식을 주문할 때 '한 개'를 '하나'로도 말할 수 있어요.
When ordering food, you can also say 하나 instead of 한 개

1 다음 메뉴를 보고 친구하고 이야기해 봐요.
Look at the menu and talk about them as shown above with your partner.

8과 음식 63

담화 표현의 제시
Usage of discourse expressions

- 고정적이고 정형화된 의사소통 표현입니다.
  They are defined as fixed and formulaic communicative expressions.

담화 표현 연습
Practice of discourse expressions

- 담화 표현을 덩어리째 익혀 대화하는 말하기 연습입니다.
  The learner learns chunks of discourse expressions and practices them through conversation.

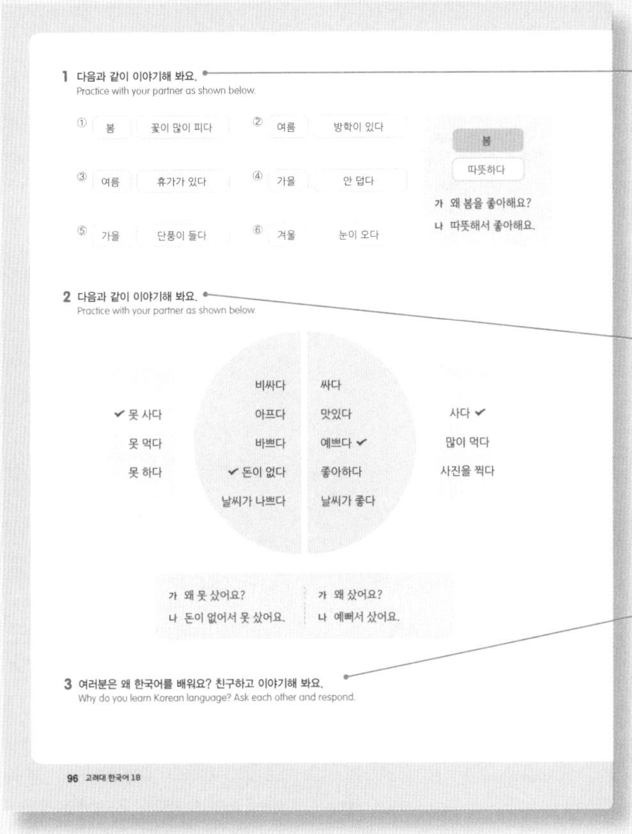
1 다음과 같이 이야기해 봐요.
Practice with your partner as shown below.
① 봄 꽃이 많이 피다
② 여름 방학이 있다
③ 여름 휴가가 있다
④ 가을 안 덥다
⑤ 가을 단풍이 들다
⑥ 겨울 눈이 오다
봄
따뜻하다
가 왜 봄을 좋아해요?
나 따뜻해서 좋아해요.
2 다음과 같이 이야기해 봐요.
Practice with your partner as shown below.
✔ 못 사다
못 먹다
못 하다
비싸다
아프다
바쁘다
✔ 돈이 없다
날씨가 나쁘다
싸다
맛있다
예쁘다 ✔
좋아하다
날씨가 좋다
사다 ✔
많이 먹다
사진을 찍다
가 왜 못 샀어요?
나 돈이 없어서 못 샀어요.
가 왜 샀어요?
나 예뻐서 샀어요.
3 여러분은 왜 한국어를 배워요? 친구하고 이야기해 봐요.
Why do you learn Korean language? Ask each other and respond.
96 고려대 한국어 1B

문법의 연습 1 Grammar practice 1

- 배운 문법을 사용해 볼 수 있는 말하기 연습입니다.
  It is a speaking activity for learners to use the grammar they have learned.
- 연습의 방식은 그림, 사진, 문장 등으로 다양합니다.
  Various methods such as photos, pictures, or sentences are used for practice.

문법의 연습 2 Grammar practice 2

- 문법의 중요도와 난이도에 따라 연습 활동의 수와 분량에 차이가 있습니다.
  The number and length of practice exercises and activities differs according to the importance and difficulty of the grammar.

문법의 연습 3 Grammar practice 3

- 유의미한 의사소통 상황에서 배운 문법을 사용하는 말하기 연습입니다.
  It is a speaking activity for learners to practice the grammar they have learned in a meaningful communicative context.

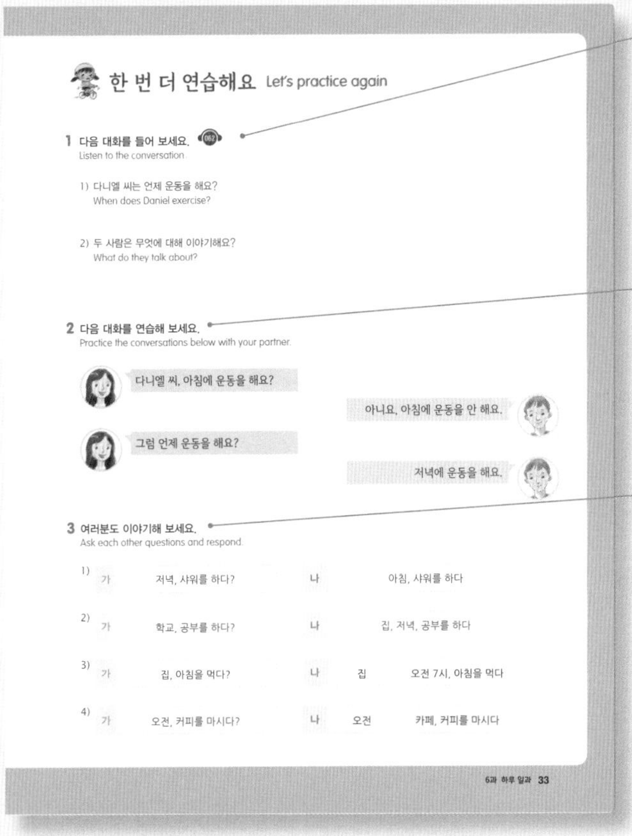
한 번 더 연습해요 Let's practice again
1 다음 대화를 들어 보세요.
Listen to the conversation.
1) 다니엘 씨는 언제 운동을 해요?
When does Daniel exercise?
2) 두 사람은 무엇에 대해 이야기해요?
What do they talk about?
2 다음 대화를 연습해 보세요.
Practice the conversations below with your partner.
다니엘 씨, 아침에 운동을 해요?
아니요, 아침에 운동을 안 해요.
그럼 언제 운동을 해요?
저녁에 운동을 해요.
3 여러분도 이야기해 보세요.
Ask each other questions and respond.
1) 가 저녁, 샤워를 하다? 나 아침, 샤워를 하다
2) 가 학교, 공부를 하다? 나 집, 저녁, 공부를 하다
3) 가 집, 아침을 먹다? 나 집 오전 7시, 아침을 먹다
4) 가 오전, 커피를 마시다? 나 오전 카페, 커피를 마시다
6과 하루 일과 33

대화 듣기 Listening to a conversation

- 의사소통 목표가 되는 자연스럽고 유의미한 대화를 듣고 대화의 목적, 대화의 내용을 파악합니다.
  The learner listens to a natural and meaningful conversation, which is the communicative target of the unit, and identifies the purpose and content of the conversation.

대화 연습 Conversation practice

- 대화 연습을 통해 대화의 구성 방식을 익힙니다.
  The learner learns how to participate in a conversation by engaging in conversational practice.

대화 구성 연습 Practice to organize conversation

- 학습자 스스로 대화를 구성하여 말해 보는 연습입니다.
  It is an exercise for learners to organize a conversation by themselves and speak.
- 어휘만 교체하는 단순 반복 연습이 되지 않도록 구성했습니다.
  It is structured not to make the exercise a simple drill that only requires replacing words.

이 책의 특징 About the Textbook

듣기 활동 Listening activity

- 단원의 주제와 기능이 구현된 의사소통 듣기 활동입니다.
  It is a listening activity that includes the topic and skills of each unit.
- 중심 내용 파악과 세부 내용 파악 등 목적에 따라 두세 번 반복하여 듣습니다.
  The learner listens to the conversation for a couple of times based on the purpose, whether it is to understand the overall conversation or to capture detailed information.

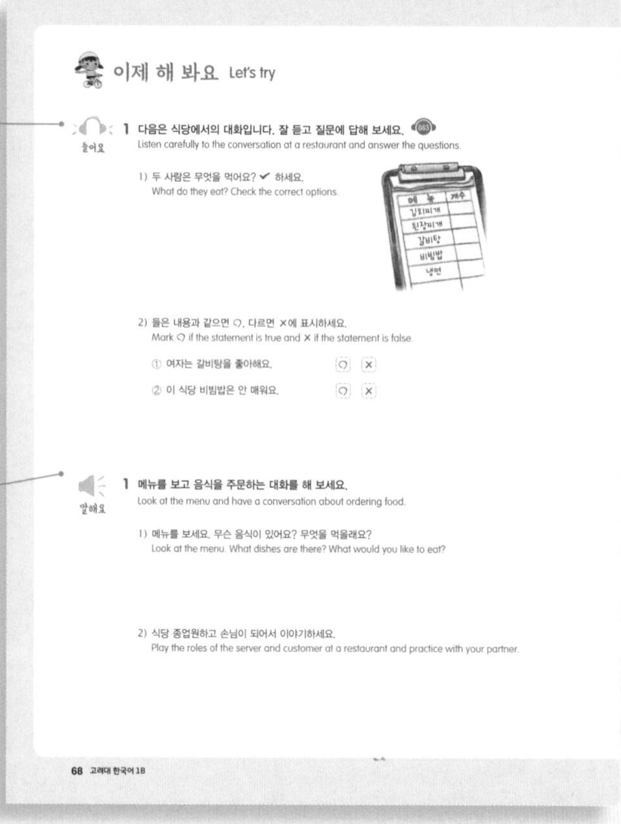
이제 해 봐요 Let's try

들어요

1 다음은 식당에서의 대화입니다. 잘 듣고 질문에 답해 보세요.
Listen carefully to the conversation at a restaurant and answer the questions.

1) 두 사람은 무엇을 먹어요? ✔ 하세요.
What do they eat? Check the correct options.

2) 들은 내용과 같으면 ○, 다르면 ×에 표시하세요.
Mark ○ if the statement is true and × if the statement is false.

① 여자는 갈비탕을 좋아해요. ○ ×

② 이 식당 비빔밥은 안 매워요. ○ ×

말해요

1 메뉴를 보고 음식을 주문하는 대화를 해 보세요.
Look at the menu and have a conversation about ordering food.

1) 메뉴를 보세요. 무슨 음식이 있어요? 무엇을 먹을래요?
Look at the menu. What dishes are there? What would you like to eat?

2) 식당 종업원하고 손님이 되어서 이야기하세요.
Play the roles of the server and customer at a restaurant and practice with your partner.

68 고려대 한국어 1B

말하기 활동 Speaking activity

- 단원의 주제와 기능이 구현된 의사소통 말하기 활동입니다.
  It is a speaking activity that includes the topic and skills of each unit.
- 말하기 전에 말할 내용이나 방식에 대해 생각해 본 후 말하기를 합니다.
  The learners speak after thinking about what and how to express themselves in their speech.

쓰기 활동 Writing activity

- 단원의 주제와 기능이 구현된 의사소통 쓰기 활동입니다.
  It is a writing activity that includes the topic and skills of each unit.
- 쓰기 전에 써야 할 내용이나 방식에 대해 생각해 본 후 쓰기를 합니다.
  The learner writes his or her own passage after outlining the content or thinking about the style to use.

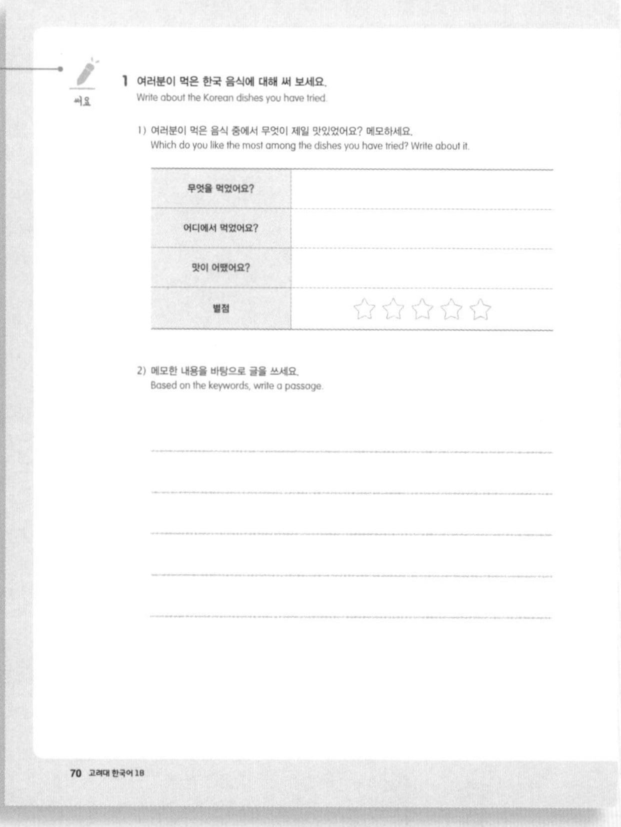
써요

1 여러분이 먹은 한국 음식에 대해 써 보세요.
Write about the Korean dishes you have tried.

1) 여러분이 먹은 음식 중에서 무엇이 제일 맛있었어요? 메모하세요.
Which do you like the most among the dishes you have tried? Write about it.

무엇을 먹었어요?	
어디에서 먹었어요?	
맛이 어땠어요?	
별점	☆☆☆☆☆

2) 메모한 내용을 바탕으로 글을 쓰세요.
Based on the keywords, write a passage.

70 고려대 한국어 1B

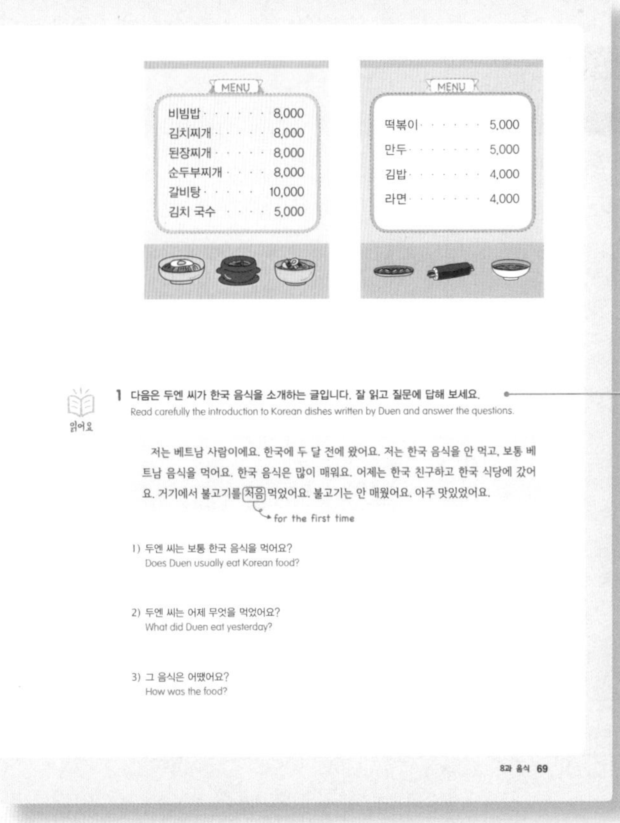
MENU

비빔밥 · · · · · · 8,000
김치찌개 · · · · · 8,000
된장찌개 · · · · · 8,000
순두부찌개 · · · · 8,000
갈비탕 · · · · · 10,000
김치 국수 · · · · 5,000

MENU

떡볶이 · · · · · 5,000
만두 · · · · · · 5,000
김밥 · · · · · · 4,000
라면 · · · · · · 4,000

읽어요

1 다음은 두엔 씨가 한국 음식을 소개하는 글입니다. 잘 읽고 질문에 답해 보세요.
Read carefully the introduction to Korean dishes written by Duen and answer the questions.

저는 베트남 사람이에요. 한국에 두 달 전에 왔어요. 저는 한국 음식을 안 먹고, 보통 베트남 음식을 먹어요. 한국 음식은 많이 매워요. 어제는 한국 친구하고 한국 식당에 갔어요. 거기에서 불고기를 처음 먹었어요. 불고기는 안 매웠어요. 아주 맛있었어요.

for the first time

1) 두엔 씨는 보통 한국 음식을 먹어요?
Does Duen usually eat Korean food?

2) 두엔 씨는 어제 무엇을 먹었어요?
What did Duen eat yesterday?

3) 그 음식은 어땠어요?
How was the food?

8과 음식 69

읽기 활동 Reading activity

- 단원의 주제와 기능이 구현된 의사소통 읽기 활동입니다.
  It is a reading activity that includes the topic and skills of each unit.
- 중심 내용 파악과 세부 내용 파악 등 목적에 따라 두세 번 반복하여 읽습니다.
  The learner reads the passage for a couple of times based on the purpose, whether it is to understand the overall content or to capture detailed information.

문화 한국인이 좋아하는 한국 음식 Koreans' favorite dishes

• 여러분은 무슨 한국 음식을 좋아해요? 한국 사람들은 무슨 한국 음식을 좋아할까요?
What is your favorite Korean food? What Korean dishes do Koreans like?

The most favorite dish of Koreans is 김치찌개, followed by 된장찌개, and 불고기 in order of popularity. 불고기 is also popular among foreigners. 치킨, 비빔밥, 잡채, and 삼겹살 are also dishes that Koreans like as well.

• 여러분은 이 중에서 무엇을 먹어 보고 싶어요? 여러분 나라에서 인기 있는 음식은 무엇이에요?
What do you want to have among these dishes? What is a popular dish in your country?

자기 평가 Self-Check

이번 과 공부는 어땠어요? 별점을 매겨 보세요!
How was this lesson? Please rate it.

음식에 대해 묻고 답할 수 있어요?

8과 음식 71

발음 활동/문화 활동 Pronunciation exercise/cultural activity

- 초급에서 필수적으로 알아야 할 발음/문화 항목을 소개합니다. 간단한 설명 후 실제 활동을 해 봅니다.
  It introduces the pronunciation and cultural items that Korean language beginners need to know. After a brief explanation, they engage in actual exercises or activities.
- 단원마다 발음 또는 문화 항목이 제시됩니다.
  Pronunciation and cultural items are presented alternately in each unit.

자기 평가 Self-check

- 단원 앞부분에 제시되었던 학습 목표 달성 여부를 학습자 스스로 점검합니다.
  Learners evaluate to what extent they have achieved the learning objectives presented in the beginning of the unit.

단원 구성 표

단원	단원 제목	학습 목표	의사소통 활동
6 과	**하루 일과**	하루 일과를 묻고 답할 수 있다.	• 하루 일과에 대한 대화 듣기 • 하루 일과 메모 읽기 • 하루 일과 묻고 답하기 • 하루 일과 글 쓰기
7 과	**한국 생활**	한국 생활에 대해 묻고 답할 수 있다.	• 한국 생활에 대한 대화 듣기 • 한국 생활에 대한 글 읽기 • 한국 생활에 대해 묻고 답하기 • 한국 생활에 대한 글 쓰기
8 과	**음식**	음식에 대해 묻고 답할 수 있다.	• 음식 주문하는 대화 듣기 • 음식 주문하기 • 음식에 대한 글 읽기 • 음식에 대한 글 쓰기
9 과	**휴일**	휴일 활동에 대해 묻고 답할 수 있다.	• 휴일 활동에 대한 대화 듣기 • 휴일 활동에 대해 묻고 답하기 • 방학 계획에 대한 글 읽기 • 방학 계획에 대한 글 쓰기
10 과	**날씨와 계절**	날씨와 계절에 대해 묻고 답할 수 있다.	• 좋아하는 계절에 대한 대화 듣기 • 좋아하는 계절에 대해 묻고 답하기 • 좋아하는 계절에 대한 글 읽기 • 좋아하는 계절에 대한 글 쓰기

어휘 · 문법 · 담화 표현			발음/문화
• 시 · 분 • 시간 • 하루 일과	• 에 • 안		소리 내어 읽기 1
• 시간 • 기간	• -았어요/었어요/였어요 • -고 • 한테		한국 생활, 대박!
• 음식 • 맛	• -(으)ㄹ래요 • -(으)세요 • 도	• 음식 주문하기	한국인이 좋아하는 한국 음식
• 쉬는 날 • 휴일 활동	• -(으)ㄹ 것이다 • -고 싶다 • 부터, 까지		소리 내어 읽기 2
• 계절 • 날씨 • 계절의 특징 · 활동	• 못 • -아서/어서/여서		한국의 사계절과 날씨

Table of Lessons

Unit	Unit name	Learning Objectives	Communicative activity
Unit 6	Daily Schedule	You can ask and answer questions about your daily schedule.	• Listening to a conversation on daily schedules • Reading a memo about daily schedules • Asking and answering questions about daily schedules • Writing a passage about daily schedules
Unit 7	Life in Korea	You can ask and answer the questions about your life in Korea.	• Listening to a conversation on life in Korea • Reading a passage about life in Korea • Asking and answering questions about life in Korea • Writing a passage about life in Korea
Unit 8	Food	You can ask and answer questions about food.	• Listening to a conversation on ordering dishes • Ordering food at a restaurant • Reading a passage about food • Writing a passage about food
Unit 9	Holidays	You can ask and answer the questions about your activities during holidays.	• Listening to a conversation on a holiday plan • Asking and answering questions about a holiday plan • Reading a passage about a vacation plan • Writing a passage about a vacation plan
Unit 10	Weather and Season	You can ask and answer the questions about the seasons and weather.	• Listening to a conversation on a favorite season • Asking and answering questions about a favorite season • Reading a passage about a favorite season • Writing a passage about a favorite season

Vocabulary · Grammar · Discourse expressions			Pronunciation / Culture
• hours·minutes • time • daily schedul	• 에 • 안		Read aloud 1
• time • period	• -았어요/었어요/였어요 • -고 • 한테		Life in Korea, awesome!
• food • taste	• -(으)ㄹ래요 • -(으)세요 • 도	• Ordering food	Koreans' favorite dishes
• holidays • holiday activities	• -(으)ㄹ 것이다 • -고 싶다 • 부터, 까지		Read aloud 2
• season • weather • seasonal charac-teristics & activities	• 못 • -아서/어서/여서		The four seasons and weather in Korea

차례 Contents

책을 내며 ... 3

이 책의 특징 ... 4

단원 구성 표 ... 14

등장인물 ... 20

6과 하루 일과 Daily Schedule ... 22

- 배워요 ... 24
- 한 번 더 연습해요 ... 33
- 이제 해 봐요 ... 34
- 발음 ... 37

7과 한국 생활 Life in Korea ... 38

- 배워요 ... 40
- 한 번 더 연습해요 ... 50
- 이제 해 봐요 ... 51
- 문화 ... 53

8과 음식 Food ... 54

- 배워요 ... 56
- 한 번 더 연습해요 ... 66
- 이제 해 봐요 ... 68
- 문화 ... 71

9과 휴일 Holidays 72

배워요 74

한 번 더 연습해요 81

이제 해 봐요 82

발음 85

10과 날씨와 계절 Weather and Season 86

배워요 88

한 번 더 연습해요 97

이제 해 봐요 98

문화 101

부록

정답 102

듣기 지문 103

어휘 찾아보기(단원별) 106

어휘 찾아보기(가나다순) 108

문법 찾아보기 110

등장인물 Characters

왕웨이

나라 중국
나이 19세
직업 학생
(고려대학교 한국어센터)
취미 피아노

카밀라 멘데즈

나라 칠레
나이 23세
직업 학생
(고려대학교 한국어센터)
취미 SNS

무함마드 알 감디

나라 이집트
나이 32세
직업 요리사/학생
취미 태권도

김지아

나라 한국
나이 22세
직업 학생
(고려대학교 경제학과)
취미 영화

미아 왓슨

나라 영국
나이 21세
직업 학생
(고려대학교 교환 학생)
취미 노래(K-POP)

응우옌 티 두엔

나라 베트남
나이 19세
직업 학생
(고려대학교 한국어센터)
취미 드라마

다니엘 클라인

나라 독일
나이 29세
직업 회사원/학생
취미 여행

모리야마 나쓰미

나라 일본
나이 35세
직업 학생/약사
취미 그림

서하준

나라 한국
나이 22세
직업 학생
(고려대학교 국어국문학과)
취미 농구

정세진

나라 한국
나이 33세
직업 한국어 선생님
취미 요가

07:00
12
9
3
6

6

하루 일과

Daily Schedule

생각해 봐요 Let's think 061

1. 하준 씨는 저녁에 무엇을 해요?
   What does Hajun do in the evening?
2. 여러분의 하루 일과는 어때요?
   How is your daily schedule?

학습 목표 Learning Objectives

하루 일과를 묻고 답할 수 있다.

You can ask and answer the questions about your daily schedule.

- 시 · 분, 시간, 하루 일과
- 에, 안

배워요 Let's learn

1

시·분 hours·minutes

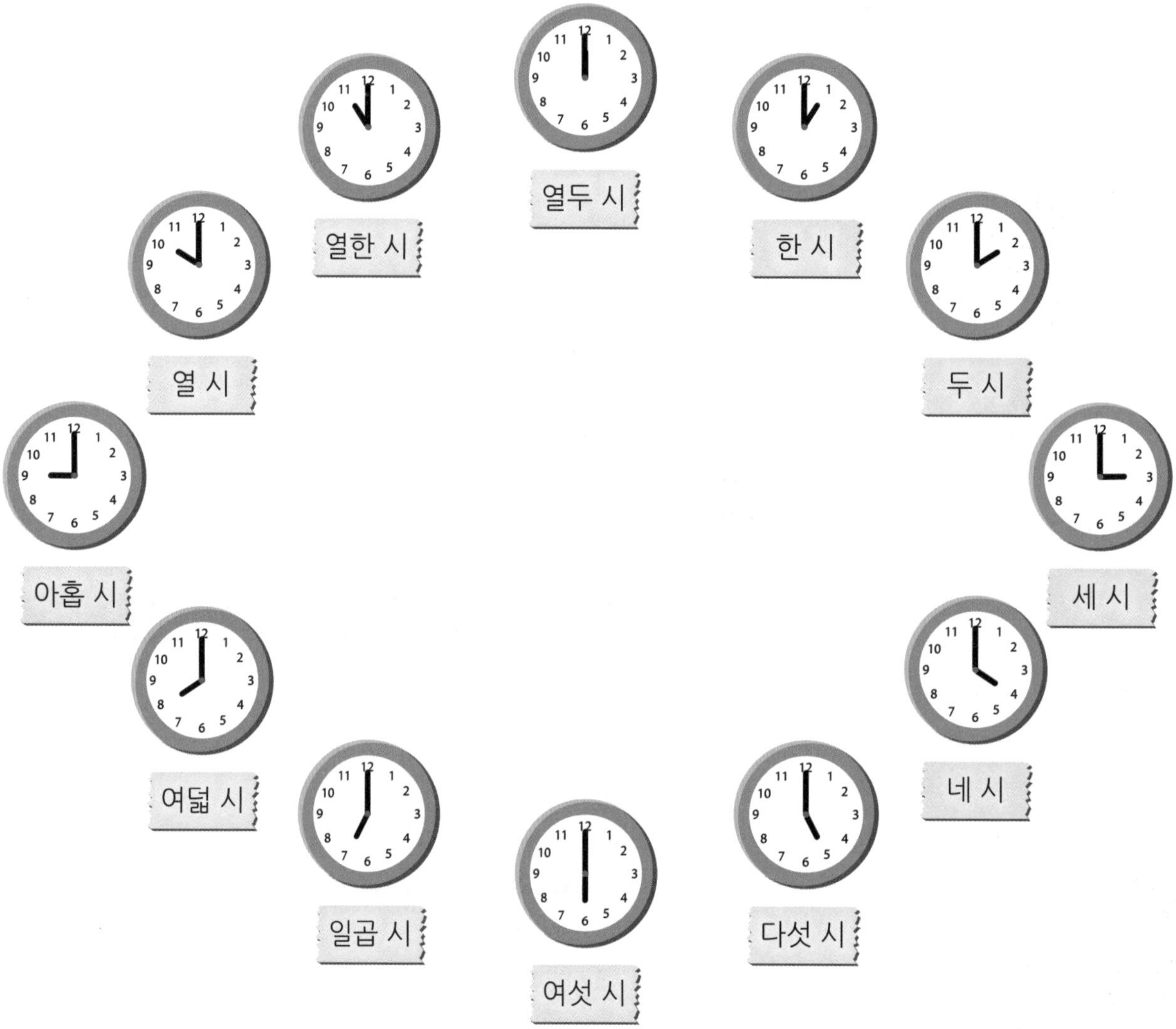

00:01	일 분
00:02	이 분
00:03	삼 분
00:04	사 분
00:05	오 분
00:10	십 분
00:15	십오 분
00:20	이십 분
00:30	삼십 분
00:40	사십 분
00:45	사십오 분
00:50	오십 분
01:01	한 시 일 분
02:10	두 시 십 분
05:40	다섯 시 사십 분
10:55	열 시 오십오 분
11:30	열한 시 반

1 다음과 같이 이야기해 봐요.
Practice with your partner as shown below.

① 02:00
② 07:00
③ 04:05
④ 05:30
⑤ 08:15
⑥ 11:25
⑦ 03:32
⑧ 06:47
⑨ 12:58
⑩ 09:16

03:10

가 몇 시예요?
나 세 시 십 분이에요.

2 지금 몇 시예요? 친구하고 이야기해 봐요.
What time is it now? Ask each other and respond.

2 시간 time

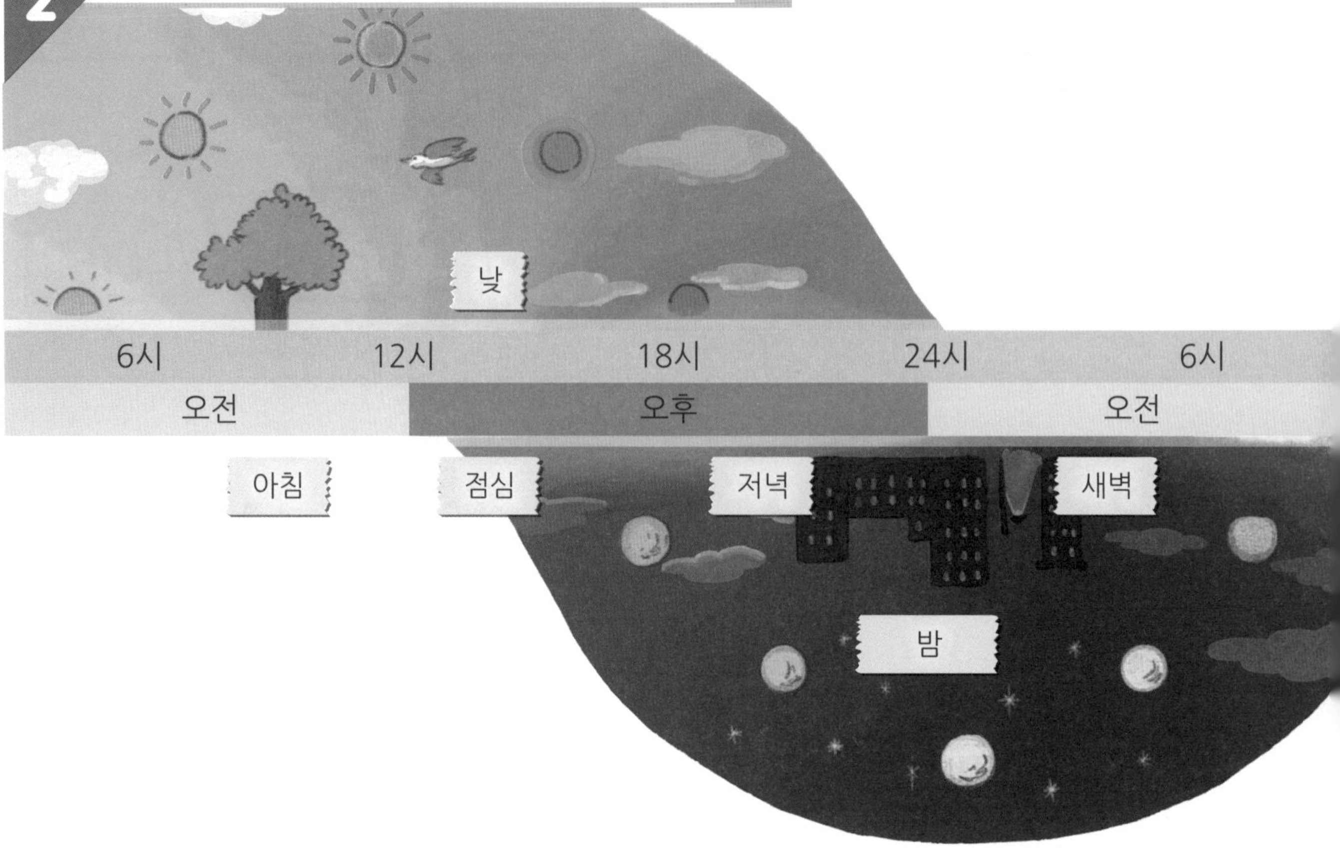

1 다음과 같이 이야기해 봐요.
Practice with your partner as shown below.

① 

② 

가 몇 시예요?

나 아침 여덟 시예요.

③ 

④ 

⑤ 

⑥ 

⑦ 

⑧ 

3

1) 가 몇 시에 친구를 만나요?
나 오후 세 시에 만나요.

2) 가 언제(when) 운동을 해요?
나 보통(usually) 아침에 운동을 해요.

3) 가 저녁에 뭐 해요?
나 밥을 먹어요. 그리고(and) 쉬어요.

에

- 어떤 동작이나 행위, 상태가 일어나는 시간을 나타낸다.
It is used to indicate the time when a certain action, activity, or condition occurs.

1 다음과 같이 이야기해 봐요. Practice with your partner as shown below.

백화점에 가다 | 오후 5시

가 몇 시에 백화점에 가요? 나 오후 다섯 시에 가요.	가 언제 백화점에 가요? 나 오후 다섯 시에 가요.

① 학교에 가다 | 08:00
② 밥을 먹다 | 12:30
③ 선생님을 만나다 | 14:00
④ 영화를 보다 | 10:00
⑤ 운동을 하다 | 오전
⑥ 공부하다 | 저녁
⑦ 커피를 마시다 | 지금
⑧ 자다 | 밤 11시

4 하루 일과 daily schedule

- '수업이 시작되다'는 '수업이 시작하다'로도 말해요.
  수업이 시작되다 can also be said as 수업이 시작하다.

1 다음과 같이 이야기해 봐요.
Practice with your partner as shown below.

오후 8시

가 몇 시에 집에 와요?

나 오후 여덟 시에 집에 와요.

저녁

가 언제 집에 와요?

나 저녁에 집에 와요.

① 

아침 7시

② 

오후 3시

③ 

12:30

④ 

08:30

⑤ 

낮

⑥ 

저녁

⑦ 

밤

⑧ 

오전 10시

⑨ 

새벽

2 다음과 같이 이야기해 봐요.
Practice with your partner as shown below.

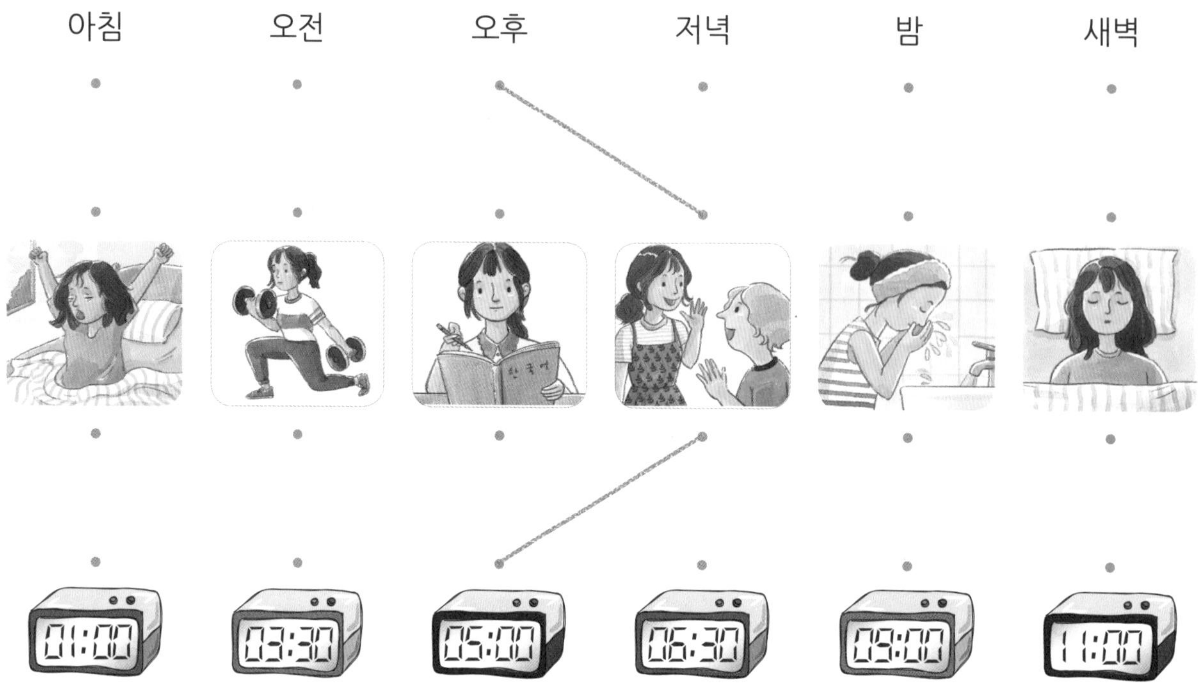

가 오후에 뭐 해요?
나 친구를 만나요.
가 몇 시에 만나요?
나 오후 다섯 시에 만나요.

3 여러분은 보통 아침, 점심, 저녁, 밤에 뭐 해요? 몇 시에 해요? 친구하고 이야기해 봐요.
What do you usually do in the morning, afternoon, and evening? At what time do you do that? Ask each other and respond.

5

1) 가 한국어가 어려워요?
나 아니요, 안 어려워요. 쉬워요.

2) 가 회사에 다녀요? (다니다 go to)
나 아니요, 회사에 안 다녀요.

3) 가 오늘 쇼핑해요?
나 아니요, 쇼핑 안 해요.

4) 가 집에 혼자 가요? (alone)
나 아니요, 혼자 안 가요.
가 그러면 누구하고 가요? (then)
나 친구하고 같이 가요.

안

- 동사나 형용사 앞에 쓰여 부정이나 반대의 뜻을 나타낸다.
  It is a negative adverb placed in front of a verb or adjective.
- '명사+하다'의 동사는 '명사+안+하다'의 형태로 쓴다.
  For verbs that are formed with Noun+하다, the negative adverb is placed between the noun and 하다, thus becoming Noun +안+하다.

- '있다'는 '없다'로, '알다'는 '모르다'로, '좋아하다'는 '안 좋아하다'로 말해요.
  For the opposite, we say 없다 for 있다, 모르다 for 알다, and 안 좋아하다 for 좋아하다.

가 저 사람 이름을 알아요?
나 몰라요.

가 커피를 좋아해요?
나 아니요, 안 좋아해요.

1 다음과 같이 이야기해 봐요.
Practice with your partner as shown below.

집, 크다
가 집이 커요?
나 아니요, 집이 안 커요.

① 회사, 가다
② 아침, 먹다
③ 음악, 듣다
④ 지금, 전화하다
⑤ 돈, 많다
⑥ 이 시계, 좋다
⑦ 한국인 친구, 있다
⑧ 김밥, 맛있다
⑨ 저 사람, 알다

2 다음과 같이 이야기해 봐요.

Practice with your partner as shown below.

백화점, 가방, 사다
어디

가 백화점에서 가방을 사요?

나 아니요, 백화점에서 가방을 안 사요.

가 그러면 어디에서 사요?

나 시장에서 사요.

① 회사, 가다 / 어디

② 집, 친구, 만나다 / 어디

③ 8시, 일어나다 / 몇 시

④ 오전, 책, 읽다 / 언제

⑤ 라면, 1개, 사다 / 몇 개

⑥ 학교, 다니다 / 어디

⑦ 혼자, 공부하다 / 누구하고

⑧ 공원, 운동하다 / 무엇

3 친구는 하루를 어떻게 보내요? 아침을 먹어요? 오전에 운동을 해요? 혼자 해요? 다섯 가지 이상 질문하고 대답해 봐요.

How is your partner's daily routine? Does he/she eat breakfast? Does he/she exercise in the morning? Does he/she exercise alone? Ask and answer five questions or more.

한 번 더 연습해요 Let's practice again

1 다음 대화를 들어 보세요. 062

Listen to the conversation.

1) 다니엘 씨는 언제 운동을 해요?
When does Daniel exercise?

2) 두 사람은 무엇에 대해 이야기해요?
What do they talk about?

2 다음 대화를 연습해 보세요.

Practice the conversations below with your partner.

다니엘 씨, 아침에 운동을 해요?

아니요, 아침에 운동을 안 해요.

그럼 언제 운동을 해요?

저녁에 운동을 해요.

3 여러분도 이야기해 보세요.

Ask each other questions and respond.

1)	가	저녁, 샤워를 하다?	나		아침, 샤워를 하다
2)	가	학교, 공부를 하다?	나		집, 저녁, 공부를 하다
3)	가	집, 아침을 먹다?	나	집	오전 7시, 아침을 먹다
4)	가	오전, 커피를 마시다?	나	오전	카페, 커피를 마시다

이제 해 봐요 Let's try

들어요

1 다음은 하루 일과에 대한 대화입니다. 잘 듣고 질문에 답해 보세요.

Listen carefully to a conversation about Duen's daily routine and answer the questions.

1) 두엔 씨는 오전에 무엇을 해요? 모두 고르세요.
What does Duen do in the morning? Choose all the correct answers.

① 

② 

③ 

④ 

⑤ 

⑥ 

⑦ 

⑧ 

2) 들은 내용과 같은 것을 고르세요.
Choose right statements.

① 두엔 씨는 회사원이에요.

② 두엔 씨는 아침 일곱 시에 일어나요.

③ 두엔 씨는 오후에 친구하고 운동을 해요.

읽어요

1 **다음은 카밀라 씨의 메모입니다. 잘 읽고 질문에 답해 보세요.**
Read Camila's schedule carefully and answer the questions.

1) 카밀라 씨는 학교에 가요?
Does Camila go to school?

2) 카밀라 씨는 점심을 몇 시에 먹어요?
When does Camila eat lunch?

3) 카밀라 씨는 운동을 언제 해요?
When does Camila exercise?

말해요

1 **여러분의 하루 일과를 이야기해 보세요.**
Talk about your daily routine.

1) 여러분의 하루 일과는 어때요? 바빠요? 재미있어요? 보통 무엇을 해요? 언제 해요?
How is your daily schedule? Are you busy? Do you have fun doing your daily routine? What do you usually do? When do you do your daily routine?

2) 아래 수첩에 메모하세요.
Write your daily schedule below.

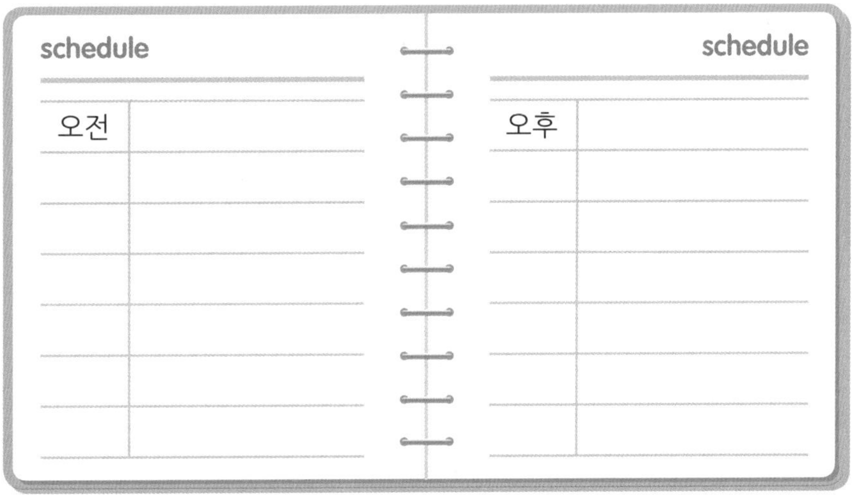

3) 하루 일과가 어때요? 메모를 보고 친구하고 이야기하세요.
How is your daily schedule? Look at your daily schedule and talk about it with your partner.

써요

1 여러분의 하루 일과를 소개하는 글을 써 보세요.

Write about your daily schedule.

1) 위의 메모를 바탕으로 글을 쓰세요.
Based on your daily schedule, write a passage.

발음 소리 내어 읽기 1 Read aloud 1

- 다음 문장을 읽어 보세요. 064
  Read the sentences below.

1) 안녕하세요? 저는 김민정이에요. 만나서 반갑습니다.
2) 저는 오늘 학교에 가요. 학교에서 한국어를 공부해요.
3) 저는 일본 사람이에요. 한국인 친구가 두 명 있어요.
4) 오후에 백화점에 가요. 옷을 사요. 그리고 신발도 사요.
5) 저는 축구를 좋아해요. 아침에 친구하고 축구를 해요.

- 다음을 읽어 보세요. 시간이 얼마나 걸렸어요? 065
  Read the passage below. How long did it take?

안녕하세요? 저는 페르난데스예요. 멕시코 사람이에요. 지금은 한국에서 살아요. 한국 회사에 다녀요. 저는 보통 아침 일곱 시에 일어나요. 아침에 운동을 해요. 그리고 오전 아홉 시부터 오후 여섯 시까지 회사에서 일해요. 저녁은 보통 친구들하고 같이 먹어요. 한국 생활은 재미있어요.

- 이번에는 조금 더 빨리 읽어 보세요.
  Read it faster this time.

자기 평가
Self-Check

이번 과 공부는 어땠어요? 별점을 매겨 보세요!
How was this lesson? Please rate it.

하루 일과를 묻고 답할 수 있어요?	☆ ☆ ☆ ☆ ☆

국제선도착
Flight Arrivals
21:58

7

한국 생활

Life in Korea

생각해 봐요 Let's think 071

1. 카밀라 씨는 언제 한국에 왔어요?
   When did Camila come to Korea?
2. 여러분은 한국 생활이 어때요?
   How is your life in Korea?

학습 목표 Learning Objectives

한국 생활에 대해 묻고 답할 수 있다.
You can ask and answer the questions about your life in Korea.

- 시간, 기간
- -았어요/었어요/였어요, -고

배워요 Let's learn

1) 가 어제 저녁에 뭐 했어요?
   나 부모님한테 전화했어요.
   (부모님 → parents)
2) 가 영화가 어땠어요?
   나 재미있었어요.
3) 가 어제 뭐 했어요?
   나 명동에서 쇼핑을 했어요.
   가 한국 친구하고 갔어요?
   나 아니요, 혼자 갔어요. 그래서 조금 힘들었어요.
   (힘들다 hard/difficult)
   (그래서 → therefore/so)

- '한테'는 행동이 미치는 대상임을 나타내요.
  한테 indicates that the preceding noun is the indirect object of an action.
  친구한테 사탕을 줘요.

-았어요/었어요/였어요

- 어떤 사건이나 행위가 이야기하는 시점에서 이미 일어났음을 나타낸다.
  The expressions indicate that a certain event or action already occurred at the time of speaking.

'ㅏ/ㅗ'일 때	-았어요	작았어요 놀았어요
'ㅏ/ㅗ'가 아닐 때	-었어요	먹었어요 읽었어요
'하다'일 때	-였어요	하였어요 → 했어요

1 다음을 어제의 일로 바꿔서 이야기해 봐요.
Change the tense into the past and ask each other questions and respond.

① 가 오늘 무엇을 해요?
나 친구를 만나요.

② 가 음악을 들어요?
나 아니요, 책을 읽어요.

③ 가 오늘 어디에서 옷을 사요?
나 옷 가게에서 옷을 사요.

④ 가 오후에 뭐 해요?
나 음식을 만들어요.

⑤ 가 몇 시에 일어나요?
나 일곱 시에 일어나요.

⑥ 가 오늘 몇 시에 퇴근해요?
나 여섯 시에 퇴근해요.

⑦ 가 어디에 가요?
나 친구 집에 가요. 친구 집에서 게임을 해요.

⑧ 가 영화가 어때요?
나 재미있어요.

2 다음과 같이 이야기해 봐요.
Practice with your partner as shown below.

홍대, 친구, 만나다

가 어제 뭐 했어요?
나 홍대에서 친구를 만났어요.

① 도서관, 책, 읽다
② 회사, 일하다
③ 집, 음악, 듣다
④ 동대문, 쇼핑하다
⑤ 한국 음식, 만들다
⑥ 운동하다
⑦ 강남, 영화, 보다
⑧ 쉬다

맛있다

가 어땠어요?

나 맛있었어요.

⑨ 좋다

⑩ 재미없다

⑪ 예쁘다

⑫ 어렵다

⑬ 바쁘다

⑭ 힘들다

⑮ 비싸다

⑯ 크다

3 어제 어디에 갔어요? 누구하고 갔어요? 거기에서 무엇을 했어요? 그림을 보고 이야기해 봐요.

Where did you go yesterday? With whom did you go? What did you do there? Look at the pictures and talk about them.

4 여러분은 어제 무엇을 했어요? 친구하고 이야기해 봐요.

What did you do yesterday? Ask each other and respond.

2

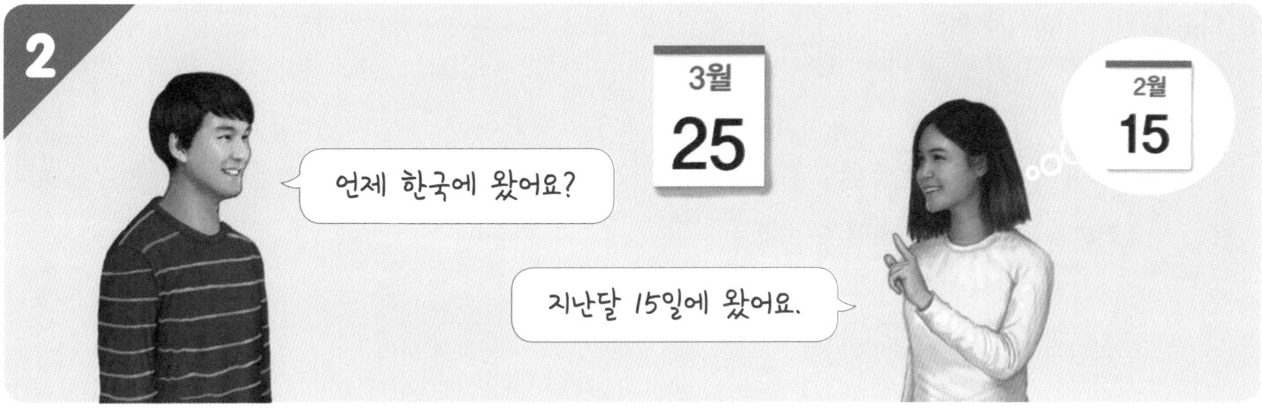

3월
25
2월
15
언제 한국에 왔어요?
지난달 15일에 왔어요.

시간 time

20 년
작년
20 년
올해
4월
지난달
17 18 19 20 21 22 23
24 25 26 27 28 29 30
5월
이번 달
일 월 화 수 목 금 토
1 2 3 4 5 6 7
지난주
8 9 10 11 12 13 14
이번 주
그저께
어제
오늘
내일
모레
15 16 17 18 19 20 21
다음 주
22 23 24 25 26 27 28
29 30 31
6월
다음 달
일 월 화 수 목 금 토
1 2 3 4
20 년
내년

1 다음과 같이 이야기해 봐요.
Practice with your partner as shown below.

한국에 오다 / 작년	가 언제 한국에 왔어요? 나 작년에 왔어요
친구를 만나다 / 7. 29.	가 언제 친구를 만나요? 나 7월 29일에 만나요.

① 가방을 사다 | 지난달

② 영화를 보다 | 다음 주

③ 쇼핑을 하다 | 모레

④ 부모님한테 전화하다 | 지난주

⑤ 한국 음식을 먹다 | 그저께

⑥ 중국에 가다 | 내년

⑦ 친구하고 놀다 | 10. 7.

⑧ 학교에 가다 | 5. 10.

2 오늘은 2022년 10월 20일이에요. 달력을 보고 다음과 같이 이야기해 봐요.
Today is October 20, 2022. Look at the calendar and practice with your partner as shown below.

가 언제 한국에 왔어요?
나 작년에 왔어요.

①

②

③

④

⑤

⑥

3 여러분은 지난달에 무엇을 했어요? 내일 무엇을 해요? 친구하고 이야기해 봐요.
What did you do last month? What will you do tomorrow? Ask each other and respond.

지난달 | 지난주 | 그저께 | 내일

3

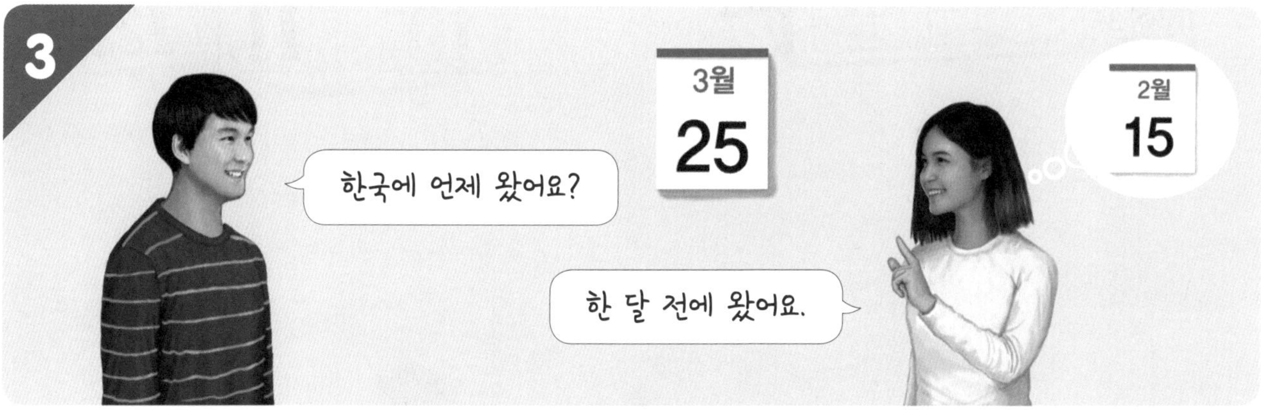

기간 period

분	십 분	이십 분	삼십 분	…
시간	한 시간	두 시간	세 시간	…
일	일 일 ॥ 하루	이 일 ॥ 이틀	삼 일	…

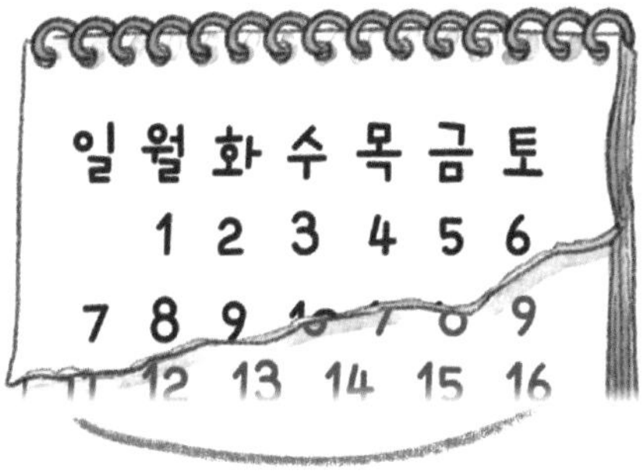

주일	일주일	이 주일	삼 주일	…

달 한 달 두 달 세 달 …

연(년) 일 년 이 년 삼 년 …

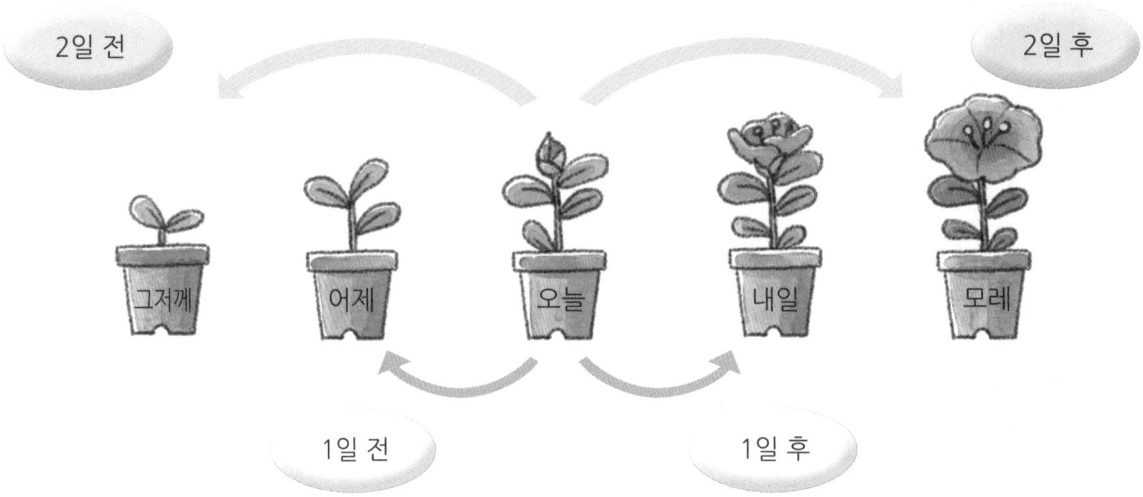

1 다음과 같이 이야기해 봐요.
Practice with your partner as shown below.

한국에 오다	가 언제 한국에 왔어요?
한 달 전	나 한 달 전에 왔어요.
친구를 만나다	가 언제 친구를 만나요?
2시간 후	나 두 시간 후에 만나요.

①	운동을 하다	1주일 전	②	부산에 가다	1년 전
③	쇼핑을 하다	2일 전	④	영화를 보다	3시간 후
⑤	부모님을 만나다	두 달 후	⑥	선생님한테 전화하다	30분 후

2 수첩을 보고 다음과 같이 이야기해 봐요.

Practice with your partner as shown below.

① 한국　　② 영화

③ 친구　　④ 부산

제주도

가 제주도에 언제 갔어요?

나 한 달 전에 갔어요.

쇼핑

가 쇼핑을 언제 해요?

나 일주일 후에 해요.

3 여러분은 언제 했어요? 친구하고 이야기해 봐요.

When did you do that? Ask each other and respond.

한국에 오다	운동을 하다	친구하고 놀다	부모님한테 전화하다	

4

1) 가 지난주 토요일에 뭐 했어요?
   나 영화를 보고 쇼핑했어요.

2) 가 한국에서 무엇을 했어요?
   나 한국 친구를 사귀고 한국 음식을 먹었어요.
   사귀다 make friends

3) 가 한국 생활이 어때요?
   나 아주 재미있고 좋아요.
   really/very

4) 가 한국어 공부가 어때요? 힘들어요?
   나 아니요, 괜찮아요. 수업도 재미있고 친구들도 좋아요.
   괜찮다 fine

-고

- 둘 이상의 대등한 내용을 나열함을 나타낸다.
  It is used to connect two or more clauses or ideas.

1 **다음과 같이 이야기해 봐요.**
Practice with your partner as shown below.

운동을 하다, 집에서 쉬다

가 어제 뭐 했어요?
나 운동을 하고 집에서 쉬었어요.

① 동대문에서 쇼핑을 하다, 영화를 보다

② 집에서 음악을 듣다, 음식을 만들다

③ 도서관에서 책을 읽다, 친구를 만나다

④ 카페에서 커피를 마시다, 백화점에 가다

2 **다음과 같이 이야기해 봐요.**
Practice with your partner as shown below.

①	선생님	재미있다, 좋다
②	저 식당	싸다, 맛있다
③	우리 학교	크다, 예쁘다
④	한국 생활	일이 많다, 조금 힘들다

이 가방	싸다, 좋다

가 이 가방이 어때요?

나 싸고 좋아요.

3 **여러분은 보통 무엇을 해요? 친구하고 이야기해 봐요.**
What do you usually do? Ask each other and respond.

4 **여러분은 한국 생활이 어때요? 친구하고 이야기해 봐요.**
How is your life in Korea? Ask each other and respond.

한 번 더 연습해요 Let's practice again

1 다음 대화를 들어 보세요. Listen to the conversation. 072

1) 두 사람은 무엇에 대해 이야기해요? What do they talk about?

2) 웨이 씨는 언제 한국에 왔어요? When did Wei come to Korea?

3) 웨이 씨는 한국 생활이 어때요? How is Wei's life in Korea?

2 다음 대화를 연습해 보세요. Practice the conversations below with your partner.

웨이 씨, 언제 한국에 왔어요?

지난달에 왔어요.

한국에서 무엇을 했어요?

한국어를 공부하고 한국 친구를 사귀었어요.

한국 생활이 어때요?

재미있고 좋아요.

3 여러분도 이야기해 보세요. Ask each other questions and respond.

	1)	2)	3)
나	일주일 전	작년	두 달 전
	홍대에서 쇼핑을 하다	회사에서 일하다	한국 친구를 사귀다
	재미있다	조금 바쁘다, 힘들다	재미있다, 좋다

이제 해 봐요 Let's try

듣어요

1 다음은 한국 생활에 대한 대화입니다. 잘 듣고 질문에 답해 보세요. 073

Listen carefully to a conversation about life in Korea and answer the questions.

1) 무함마드 씨는 언제 한국에 왔어요? 쓰세요.
When did Muhammad come to Korea? Write down the answer.

2) 카밀라 씨는 한국에서 무엇을 했어요? 쓰세요.
What did Camila do in Korea? Write down the answer.

읽어요

1 다음은 한국 생활에 대한 글입니다. 잘 읽고 질문에 답해 보세요.

Read carefully the passage about the person's life in Korea and answer the questions.

at that time

저는 지난달에 한국에 왔어요. 그때 친구가 없었어요. 그래서 조금 힘들었어요. 그 후 저는 친구들을 많이 사귀었어요. 친구들하고 놀고 이야기도 많이 하고 공부도 했어요. 지금은 한국 생활이 아주 재미있고 좋아요.

1) 이 사람은 언제 한국에 왔어요?
When did the person come to Korea?

2) 이 사람은 한국에서 무엇을 했어요?
What did the person do in Korea?

3) 이 사람은 지금 한국 생활이 어때요?
How is the person's life in Korea?

말해요

1 여러분의 한국 생활에 대해 이야기해 보세요.
Talk about your life in Korea.

1) 언제 한국에 왔어요? 한국에서 무엇을 했어요? 한국 생활이 어때요? 생각해 보세요.
When did you come to Korea? What did you do in Korea? How is your life in Korea? Think about it.

2) 한국 생활에 대해 친구하고 이야기하세요.
Ask and answer questions about life in Korea with your partner.

써요

1 여러분은 한국 생활이 어때요? 글을 써 보세요.
How is your life in Korea? Write about it.

1) 말하기에서 이야기한 내용을 바탕으로 글을 쓰세요.
Write a passage based on what you talked about during the speaking activity.

문화 한국 생활, 대박! Life in Korea, awesome!

- **한국에 온 외국인이 놀라고 좋아하는 것에는 무엇이 있을까요?**
  What are the things foreigners find the most amazing in Korea?

Top 3 things about living in Korea

1. 24/7 convenience stores. You can find convenience stores anywhere and anytime. They are opened around the clock.
2. Food delivery system. You can get all kinds of food delivered to your home or any place instantly. You can place an order via phone or mobile websites.
3. Fast internet connection. You can enjoy fast and free WiFi service in many places such as the subway, restaurants, and cafés.

Foreigners also like the convenient and safe public transportation system, free side dishes, and no-tip culture.

- **여러분 나라는 어때요? 여러분 나라의 좋은 점도 소개해 주세요.**
  How about your country? Introduce amazing things about your country.

자기 평가
Self-Check

이번 과 공부는 어땠어요? 별점을 매겨 보세요!
How was this lesson? Please rate it.

한국 생활에 대해 묻고 답할 수 있어요?	☆☆☆☆☆

8

음식

Food

생각해 봐요 Let's think 081

1. 두 사람은 어디에 있어요?
   Where are they?
2. 여러분은 무슨 한국 음식을 먹었어요?
   What Korean dishes have you had?

학습 목표 Learning Objectives

음식에 대해 묻고 답할 수 있다.

You can ask and answer the questions about food.

- 음식, 맛
- -(으)ㄹ래요, -(으)세요
- 음식 주문하기

배워요 Let's learn

1

음식 food

1 **다음과 같이 이야기해 봐요.**
Practice with your partner as shown below.

① 

② 

③ 

④ 

⑤ 

⑥ 

⑦ 

⑧ 

가 무슨 음식을 좋아해요?

나 저는 삼계탕을 좋아해요.

- '무슨'은 여러 대상, 물건, 일 중에서 무엇인지를 물을 때 사용해요.
  무슨 is used to ask about which thing, object, or matter you are referring to.
  무슨 영화를 좋아해요?

2 **여러분은 무슨 음식을 좋아해요? 무슨 음식을 안 좋아해요? 친구하고 이야기해 봐요.**
What dishes do you like? What dishes do you not like? Ask each other and respond.

2

맛 taste

1 다음과 같이 이야기해 봐요.
Practice with your partner as shown below.

맵다 O

가 김치가 매워요?

나 네, 조금 매워요.

달다 X

가 김치가 달아요?

나 아니요, 안 달아요.

①

짜다 O

②

달다 X

③

맵다 O

④

레몬 lemon

시다 O

⑤

쓰다 X

⑥

맵다 X

⑦

달다 O

⑧

짜다 X

⑨

쓰다 O

2 무엇이 매워요? 무엇이 짜요? 친구하고 이야기해 봐요.
What is spicy? What is salty? Ask each other and respond.

3

1) 가 뭐 먹을래요?
   나 저는 김밥을 먹을래요.

2) 가 저는 커피를 마실래요. 두엔 씨는 뭐 마실래요?
   나 저도 커피를 마실래요.

3) 가 오늘도 도서관에 가요?
   나 아니요, 안 갈래요. 집에서 쉴래요.

- '도'는 앞의 것에 뒤의 것이 더해짐을 나타내요.
  도 is a particle used to add an item or object to another.
  가 저는 학생이에요.
  나 저도 학생이에요.

-(으)ㄹ래요

- 자신의 의향을 말하거나 상대방의 의향을 물을 때 사용한다.
  It is used to express the speaker's intention or ask the other's intention.

받침이 있을 때	-을래요	먹을래요
받침이 없거나 'ㄹ' 받침일 때	-ㄹ래요	갈래요 만들래요

1 **다음과 같이 이야기해 봐요.**
Practice with your partner as shown below.

가 뭐 먹을래요?
나 떡볶이를 먹을래요.

2 다음과 같이 이야기해 봐요.
Practice with your partner as shown below.

가 저는 갈비탕을 먹을래요. ○○ 씨는요?

O	삼겹살	X
나 저도 갈비탕을 먹을래요.	나 저는 삼겹살을 먹을래요.	나 저는 안 먹을래요.

①

O

②

X

③

콜라

④

X

⑤

떡볶이

⑥

O

3 여러분은 오늘 무엇을 할래요? ✔ 하고 이야기해 봐요.

What will you do today? Check relevant statements below and talk about them with your partner.

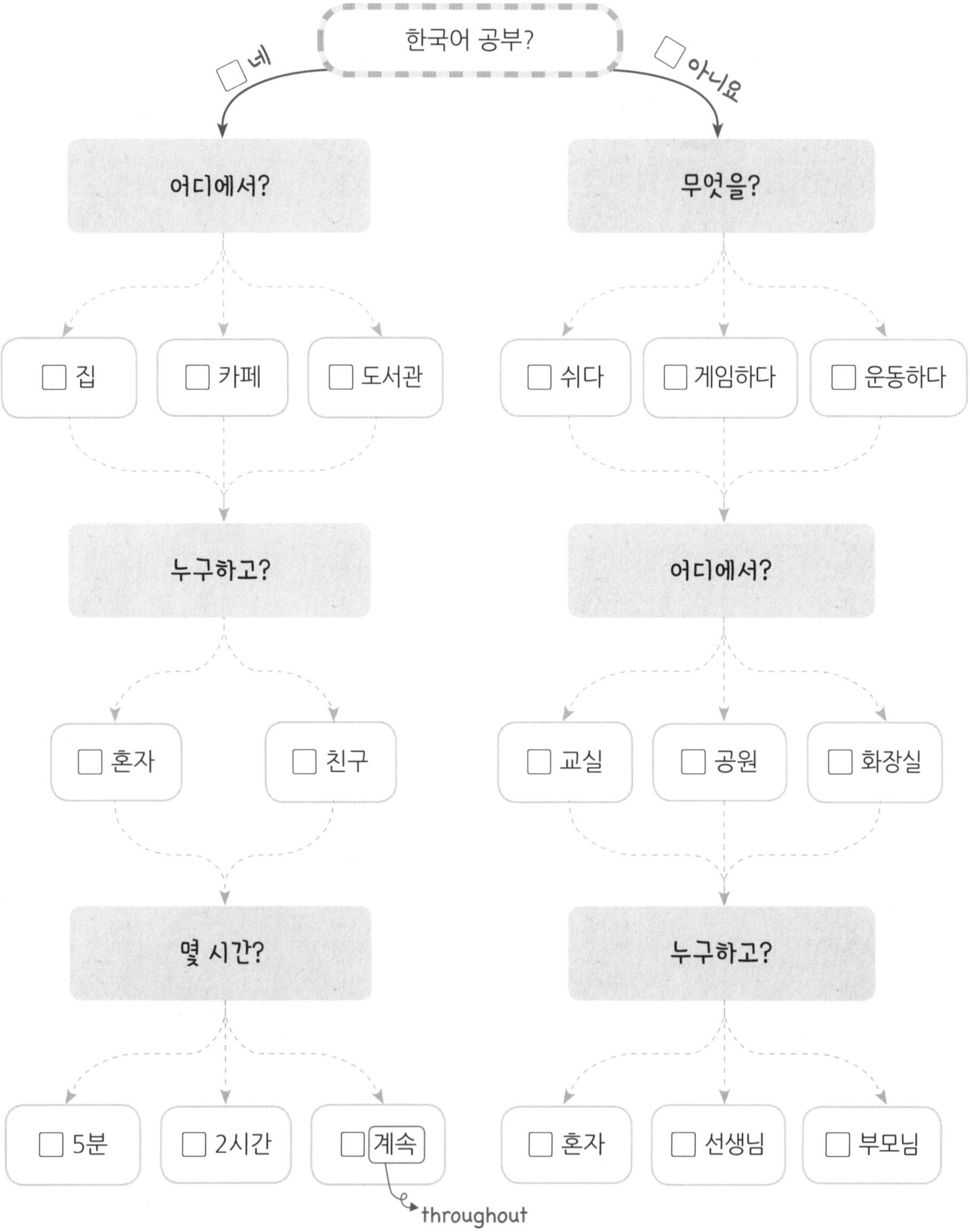

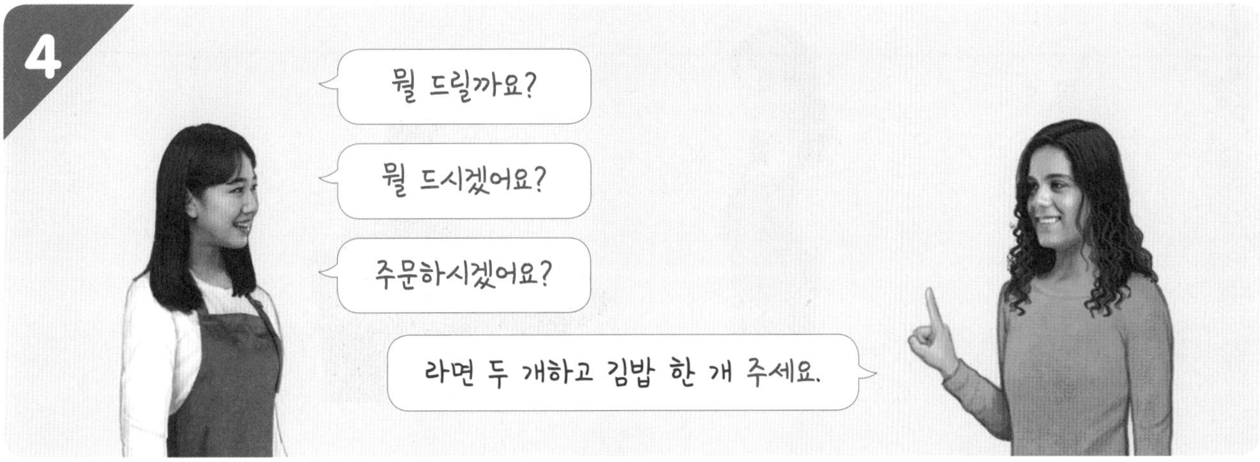

- 음식을 주문할 때 '한 개'를 '하나'로도 말할 수 있어요.
  When ordering food, you can also say 하나 instead of 한 개.

1 다음 메뉴를 보고 친구하고 이야기해 봐요.
Look at the menu and talk about them as shown above with your partner.

①

②

③

④

5

1) 가 주문하시겠어요?
   나 네, 불고기 삼 인분 주세요.

2) 가 이 식당은 뭐가 맛있어요?
   나 김치찌개가 맛있어요. 김치찌개를 드세요.

3) 가 여기에서 기다리세요. (기다리다 wait for)
   나 네, 알겠어요.

• 불고기, 삼겹살 같은 음식의 수량은 '인분'으로 말해요.
인분 is used to count dishes such as *bulgogi* and *samgyeopsal*.

-(으)세요

- 상대방에게 그 행동을 하도록 명령할 때 사용한다.
  It is used to tell another person to perform a certain behavior.
- '먹다', '마시다'는 '드세요'로, '자다'는 '주무세요'로 쓴다.
  We say 드세요 for 먹다, 마시다 and 주무세요 for 자다.

1 다음과 같이 이야기해 봐요. Practice with your partner as shown below.

① 

② 

가 뭘 드릴까요?
나 비빔밥 주세요.

③ 

④ 

⑤ 

⑥ 

2 다음과 같이 이야기해 봐요.

Practice with your partner as shown below.

가 책을 읽으세요.

나 네, 알겠어요.

✔ 책	물	공책	먹다	선생님	이야기	여기
쓰다	이름	카페	만두	칠판	음악	이야기하다
오늘	과자	친구	전화하다	저녁	듣다	옷
마시다	집	주스	갈비탕	✔ 읽다	커피	내일

3 친구의 말을 듣고 그대로 하세요.

Listen to your partner and perform as your partner says.

한 번 더 연습해요 Let's practice again

1 다음 대화를 들어 보세요.
Listen to the conversation.

1) 여기는 어디예요?
Where is this place?

2) 두 사람은 무엇을 먹어요?
What are they having?

3) 순두부찌개는 맛이 어때요?
How does *sundubu-jjige* taste?

2 다음 대화를 연습해 보세요.
Practice the conversations below with your partner.

지아 씨, 뭐 먹을래요?

저는 순두부찌개를 먹을래요.

순두부찌개는 맛이 어때요?

조금 매워요. 그렇지만 맛있어요.

매워요? 그럼 저는 삼계탕을 먹을래요.

3 여러분도 이야기해 보세요.
Ask each other questions and respond.

1)

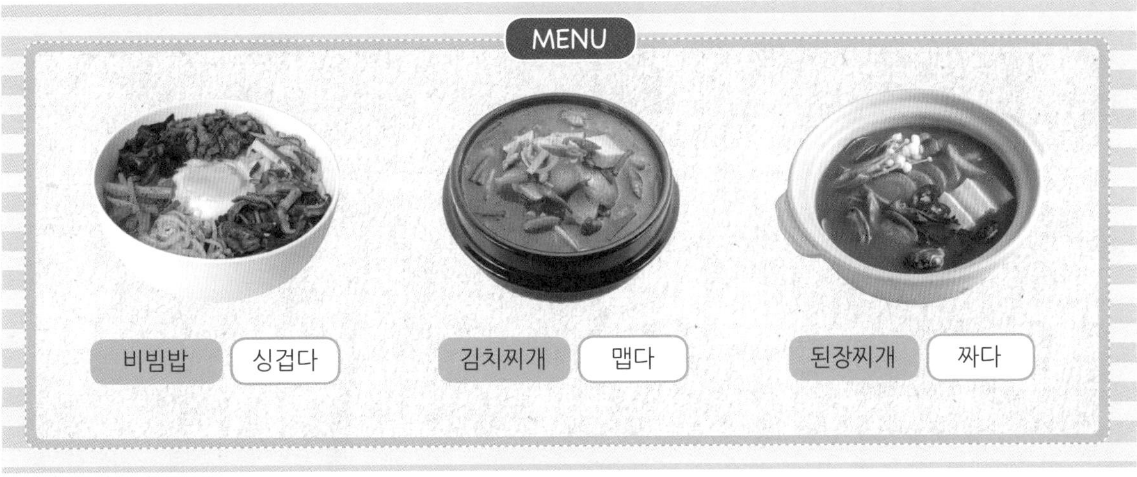

2)

3)

이제 해 봐요 Let's try

들어요

1 다음은 식당에서의 대화입니다. 잘 듣고 질문에 답해 보세요. 083

Listen carefully to the conversation at a restaurant and answer the questions.

1) 두 사람은 무엇을 먹어요? ✔ 하세요.
What do they eat? Check the correct options.

2) 들은 내용과 같으면 O, 다르면 X에 표시하세요.
Mark O if the statement is true and X if the statement is false.

① 여자는 갈비탕을 좋아해요. O X

② 이 식당 비빔밥은 안 매워요. O X

말해요

1 메뉴를 보고 음식을 주문하는 대화를 해 보세요.

Look at the menu and have a conversation about ordering food.

1) 메뉴를 보세요. 무슨 음식이 있어요? 무엇을 먹을래요?
Look at the menu. What dishes are there? What would you like to eat?

2) 식당 종업원하고 손님이 되어서 이야기하세요.
Play the roles of the server and customer at a restaurant and practice with your partner.

읽어요

1 다음은 두엔 씨가 한국 음식을 소개하는 글입니다. 잘 읽고 질문에 답해 보세요.
Read carefully the introduction to Korean dishes written by Duen and answer the questions.

저는 베트남 사람이에요. 한국에 두 달 전에 왔어요. 저는 한국 음식을 안 먹고, 보통 베트남 음식을 먹어요. 한국 음식은 많이 매워요. 어제는 한국 친구하고 한국 식당에 갔어요. 거기에서 불고기를 처음 먹었어요. 불고기는 안 매웠어요. 아주 맛있었어요.

처음 → for the first time

1) 두엔 씨는 보통 한국 음식을 먹어요?
Does Duen usually eat Korean food?

2) 두엔 씨는 어제 무엇을 먹었어요?
What did Duen eat yesterday?

3) 그 음식은 어땠어요?
How was the food?

쓰기

1 여러분이 먹은 한국 음식에 대해 써 보세요.

Write about the Korean dishes you have tried.

1) 여러분이 먹은 음식 중에서 무엇이 제일 맛있었어요? 메모하세요.
Which do you like the most among the dishes you have tried? Write about it.

무엇을 먹었어요?	
어디에서 먹었어요?	
맛이 어땠어요?	
별점	☆☆☆☆☆

2) 메모한 내용을 바탕으로 글을 쓰세요.
Based on the keywords, write a passage.

문화 한국인이 좋아하는 한국 음식 Koreans' favorite dishes

- 여러분은 무슨 한국 음식을 좋아해요? 한국 사람들은 무슨 한국 음식을 좋아할까요?
  What is your favorite Korean food? What Korean dishes do Koreans like?

The most favorite dish of Koreans is 김치찌개, followed by 된장찌개, and 불고기 in order of popularity. 불고기 is also popular among foreigners. 치킨, 비빔밥, 잡채, and 삼겹살 are also dishes that Koreans like as well.

- 여러분은 이 중에서 무엇을 먹어 보고 싶어요? 여러분 나라에서 인기 있는 음식은 무엇이에요?
  What do you want to have among these dishes? What is a popular dish in your country?

자기 평가
Self-Check

이번 과 공부는 어땠어요? 별점을 매겨 보세요!
How was this lesson? Please rate it.

음식에 대해 묻고 답할 수 있어요?	☆ ☆ ☆ ☆ ☆

9

휴일

Holidays

생각해 봐요 Let's think 091

1 웨이 씨와 두엔 씨는 주말에 무엇을 했어요?
What did Wei and Duen do during the weekend?

2 여러분은 주말에 무엇을 해요?
What do you do on the weekends?

학습 목표 Learning Objectives

휴일 활동에 대해 묻고 답할 수 있다.
You can ask and answer the questions about your activities during holidays.

- 쉬는 날, 휴일 활동
- -(으)ㄹ 것이다, -고 싶다

배워요 Let's learn

1

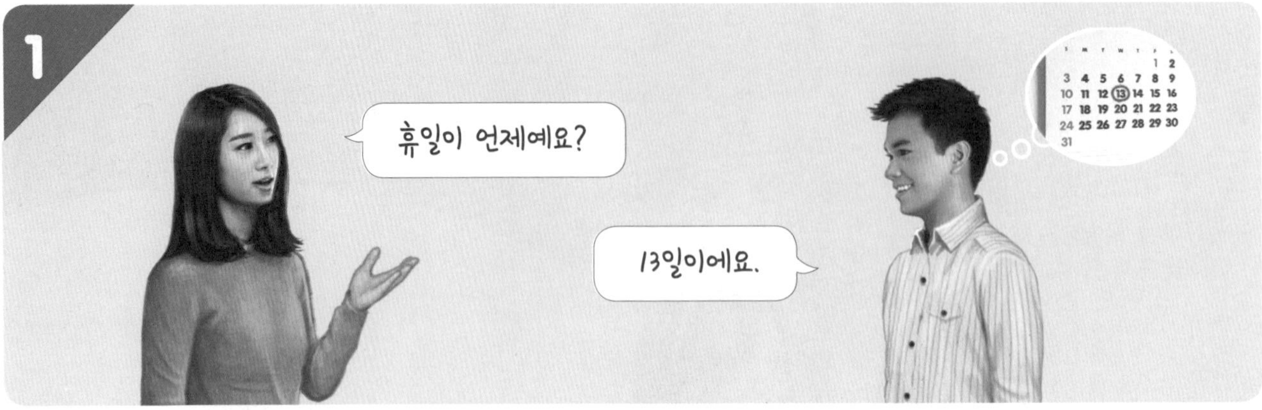

쉬는 날 holidays

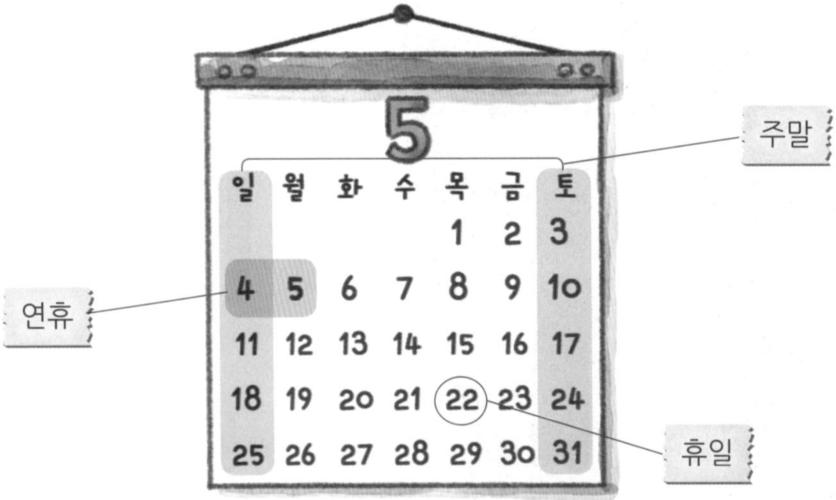

1 **달력을 보고 다음과 같이 이야기해 봐요.** Look at the calendar and practice with your partner as shown below.

September

일	월	화	수	목	금	토
	오늘	1	2	3 회사에 안 가요!!	4	5
6	7	8	9	10	11	12
13	14	15	16	17 1급 끝!	18	19
20	21	22	23	24	25	26
27	28 2급 시작!	29	30			

가 연휴가 언제예요?

나 12일부터 14일까지예요.

① 휴가

② 방학

• 기간이나 시간의 처음과 끝을 같이 말할 때는 '(언제)부터 (언제)까지'를 사용해요.
We use (언제)부터 (언제)까지 to describe the start and end of a specific period or time.
9시부터 1시까지 한국어를 공부해요.

2 **여러분은 휴일이 언제예요? 방학이 언제부터 언제까지예요? 친구하고 이야기해 봐요.**
When is your holiday? When is your vacation? Ask each other and respond.

2

휴일 활동 holiday activities

집에서 쉬다

청소하다

빨래하다

게임을 하다

산책하다

쇼핑하다

구경하다

사진을 찍다

영화를 보다

춤을 배우다

요리를 배우다

콘서트에 가다

놀이공원에 가다

박물관에 가다

고향에 가다

여행을 가다

1 다음과 같이 이야기해 봐요.

Practice with your partner as shown below.

가 지난 주말에 뭐 했어요?

나 영화를 봤어요.

①

②

③

④

⑤

⑥

⑦

⑧

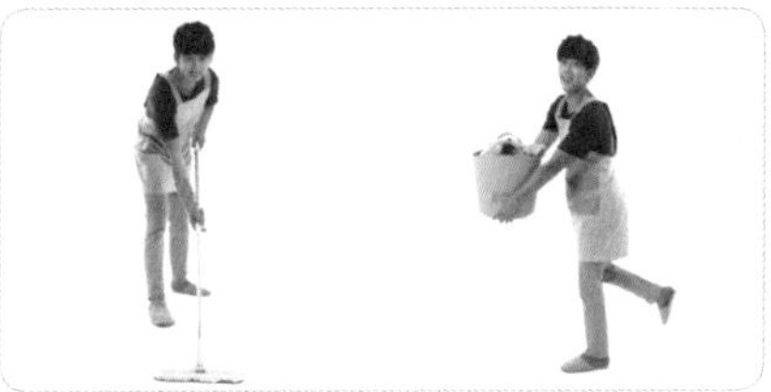

2 여러분은 지난 주말에 무엇을 했어요? 친구하고 이야기해 봐요.

What did you do last weekend? Ask each other and respond.

1) 가 주말에 무엇을 할 거예요?
나 친구하고 놀 거예요.

2) 가 언제 고향에 갈 거예요?
나 다음 달에 갈 거예요.

3) 가 내일 뭐 할 거예요?
나 공원에 갈 거예요. 거기에서 산책을 하고 사진도 찍을 거예요.

-(으)ㄹ 것이다

- 앞으로의 할 일이나 계획을 나타낸다.
  It describes a thing or plan to do.
- 일상 대화에서는 '-(으)ㄹ 거예요'나 '-(으)ㄹ 것이에요'로 말한다.
  We say -(으)ㄹ 거예요 or -(으)ㄹ 것이에요 in casual conversations.

1 다음과 같이 이야기해 봐요.
Practice with your partner as shown below.

주말	친구, 만나다

가 주말에 뭐 할 거예요?
나 친구를 만날 거예요.

① 주말 | 놀이공원, 가다
② 방학 | 고향, 가다
③ 내년 | 여행, 가다
④ 오늘 | 집, 책, 읽다
⑤ 주말 | 친구 집, 저녁, 먹다
⑥ 이번 휴일 | 한강, 사진, 찍다
⑦ 일요일 | 강남, 친구, 놀다
⑧ 내일 | 집, 음악, 듣다
⑨ 오늘 저녁 | 부모님, 전화하다
⑩ 다음 주 | 콘서트, 가다
⑪ 다음 달 | 한국 요리, 배우다
⑫ 오후 | 집, 있다

2 **여러분은 무엇을 할 거예요? 친구하고 이야기해 봐요.**
What will you do? Ask each other and respond.

수업 후　　　내일　　　이번 주말

4

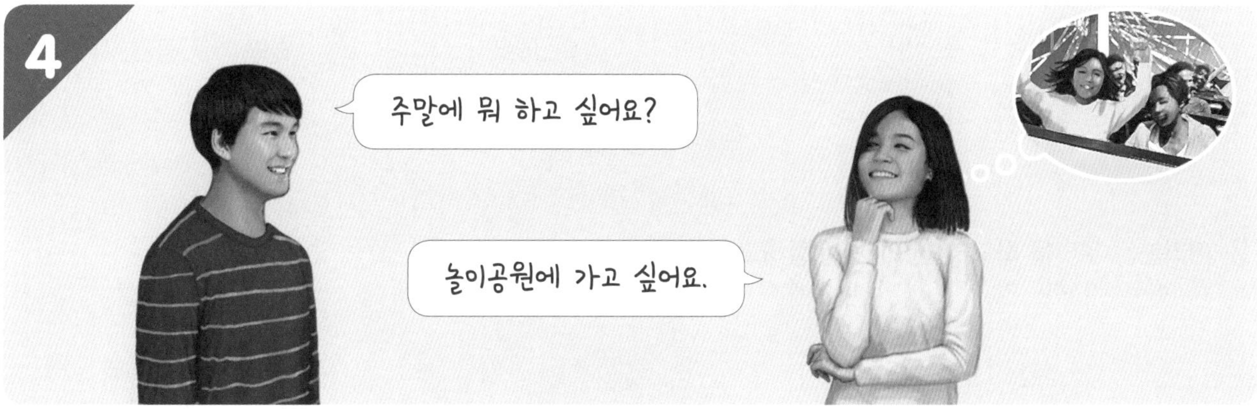

1) 가 이번 휴일에 뭐 하고 싶어요?
나 저는 인사동을 구경하고 싶어요.

2) 가 저는 연휴에 고향에 갈 거예요. 카밀라 씨는요?
나 저도 고향에 가고 싶어요. 그렇지만 일이 많아요.
(그렇지만 → however)

3) 가 하준 씨, 생일 축하해요. 이거 선물이에요.
나 저도 이 책 읽고 싶었어요. 고마워요.
(생일 축하해요 → happy birthday, 선물 → present)

-고 싶다

- 말하는 사람의 희망이나 바람을 나타낸다.
  It describes the hope or desire of the speaker.

1 다음과 같이 이야기해 봐요.
Practice with your partner as shown below.

방학
콘서트, 가다

가 방학에 뭐 하고 싶어요?
나 콘서트에 가고 싶어요.

① 휴일 | 서울, 구경하다
② 방학 | 여행, 가다
③ 연휴 | 집, 쉬다
④ 주말 | 친구, 놀이공원, 가다
⑤ 방학 | 춤, 배우다
⑥ 휴일 | 공원, 사진, 찍다

2 여러분은 무엇을 하고 싶어요? 친구들하고 이야기해 봐요.
What would you like to do? Ask each other and respond.

이번 주말 | 연휴 | 방학

- 그림을 보고 남자가 되어 이야기해 봐요.
Look at the picture and practice with your partner for the part of the man.

한 번 더 연습해요 Let's practice again

1 다음 대화를 들어 보세요. 092
Listen to the conversation.

1) 두 사람은 무엇에 대해 이야기해요?
What do they talk about?

2) 두 사람은 방학에 무엇을 할 거예요?
What will they do during the vacation?

2 다음 대화를 연습해 보세요.
Practice the conversations below with your partner.

이번 방학에 뭐 할 거예요?

저는 여행을 갈 거예요.

어디에 갈 거예요?

제주도에 갈 거예요.
두엔 씨는 뭐 할 거예요?

고향 친구를 만나고 싶어요.
그래서 고향에 갈 거예요.

3 여러분도 이야기해 보세요.
Ask each other questions and respond.

1) 주말
- 가: 음악, 듣다
- 나: 서울, 구경하다

2) 연휴
- 가: 친구, 놀다
- 나: 콘서트, 가다

3) 방학
- 가: 여행, 가다
- 나: 요리, 배우다

이제 해 봐요 Let's try

들어요

1 다음은 휴일 활동에 대한 대화입니다. 잘 듣고 질문에 답해 보세요. 093

Listen carefully to the man's holiday activities and answer the questions.

1) 남자의 휴가는 언제예요? 쓰세요.
When will he take time off? Write the answer.

2) 남자는 휴가에 무엇을 할 거예요? 모두 고르세요.
What will he do during his days off? Choose all the correct answers.

① 

② 

③ 

④ 

⑤ 

⑥ 

말해요

1 여러분의 휴일 계획을 이야기해 보세요.

Talk about your holiday plan with your partner.

1) 달력을 보세요. 다음 휴일, 연휴, 방학이 언제예요? 확인하세요.
Look at the calendar. When is the next holiday, consecutive holidays, and vacation? Check the dates.

2) 여러분은 그때 무엇을 할 거예요? 메모하세요.
What will you do during these periods? Write down your plan.

휴일	
연휴	
방학	

3) 메모를 바탕으로 친구하고 이야기하세요.
Talk about your plan with your partner.

읽어요

1 다음은 미아 씨의 방학 계획에 대한 글입니다. 잘 읽고 질문에 답해 보세요.

Read Mia's vacation plan carefully and answer the questions.

저는 두 달 전에 한국에 왔어요. 서울을 구경하고 싶었어요. 그렇지만 수업이 많았어요. 조금 바빴어요. 다음 주 화요일부터 방학이에요. 저는 방학에 친구하고 서울을 구경할 거예요. 경복궁하고 한강 공원에 갈 거예요. 거기에서 사진을 많이 찍고 싶어요.

1) 미아 씨는 방학이 언제예요?
When is Mia's vacation?

2) 미아 씨는 방학에 무엇을 할 거예요?
What will Mia do during the vacation?

써요

1 여러분의 방학 계획을 써 보세요.

Write your vacation plan.

1) 방학에 무엇을 할 거예요? 메모하세요.
What will you do during the vacation? Write some keywords.

☆ 언제

☆ 무엇

☆

☆ 어디

☆ 누구

2) 메모한 내용을 바탕으로 글을 쓰세요.
Based on the keywords, write a passage.

발음 소리 내어 읽기 2 Read aloud 2

- 다음을 읽어 보세요. 시간이 얼마나 걸렸어요? 094
  Read the passage below. How long did it take?

1) 어제는 휴일이었어요. 그래서 학교에 안 갔어요. 오전에는 집에서 쉬었어요. 청소를 하고 빨래를 했어요. 오후에는 서울을 구경했어요. 경복궁에도 가고 남산서울타워에도 갔어요. 정말 아름다웠어요. 다음 휴일에는 다른 곳에 가 보고 싶어요.

2) 저는 삼 개월 전에 한국에 왔어요. 지금 한국에서 혼자 살아요. 한국 음식을 좋아해서 자주 먹어요. 삼계탕도 좋아하고 비빔밥도 좋아해요. 지난주에는 집에서 비빔밥을 만들었어요. 조금 어려웠지만 재미있었어요. 다음 주에도 한국 음식을 만들 거예요.

- 다시 읽어 보세요. 이번에는 틀리지 말고 정확히 읽어 보세요.
  Read it again. Read it carefully this time without making any mistakes.

- 이번에는 30초 안에 읽어 보세요.
  Read it again within 30 seconds.

자기 평가
Self-Check

이번 과 공부는 어땠어요? 별점을 매겨 보세요!
How was this lesson? Please rate it.

휴일 활동에 대해 말할 수 있어요?	☆☆☆☆☆

10

날씨와 계절

Weather and Season

생각해 봐요 Let's think 101

1. 웨이 씨는 어느 계절을 좋아해요?
   Which season does Wei like?
2. 여러분은 어느 계절을 좋아해요?
   Which season do you like?

학습 목표 Learning Objectives

날씨와 계절에 대해 묻고 답할 수 있다

You can ask and answer the questions about the seasons and weather.

- 계절, 날씨, 계절의 특징 • 활동
- 못, -아서/어서/여서

배워요 Let's learn

1

계절 season

1 여러분은 어느 계절을 좋아해요? 어느 계절을 싫어해요? 친구하고 이야기해 봐요.
Which season of the year do you like? Which season of the year do you dislike? Ask each other and respond.

2

날씨 weather

따뜻하다

맑다

흐리다

덥다

비가 오다

눈이 오다

바람이 불다

시원하다

춥다

날씨가 좋다

날씨가 나쁘다

1 다음과 같이 이야기해 봐요.
Practice with your partner as shown below.

맑다

가 날씨가 맑아요?

나 네, 맑아요.

맑다

가 날씨가 맑아요?

나 아니요, 비가 와요.

① 시원하다

② 날씨가 좋다

③ 따뜻하다

④ 흐리다

⑤ 비가 오다

⑥ 바람이 불다

- '비가 오다', '눈이 오다', '바람이 불다' 앞에는 '날씨가'를 안 써요.
  We do not use 날씨가 together with 비가 오다, 눈이 오다, and 바람이 불다.

2 날씨가 어때요? 지도를 보고 이야기해 봐요.
How is the weather? Look at the map and practice with your partner.

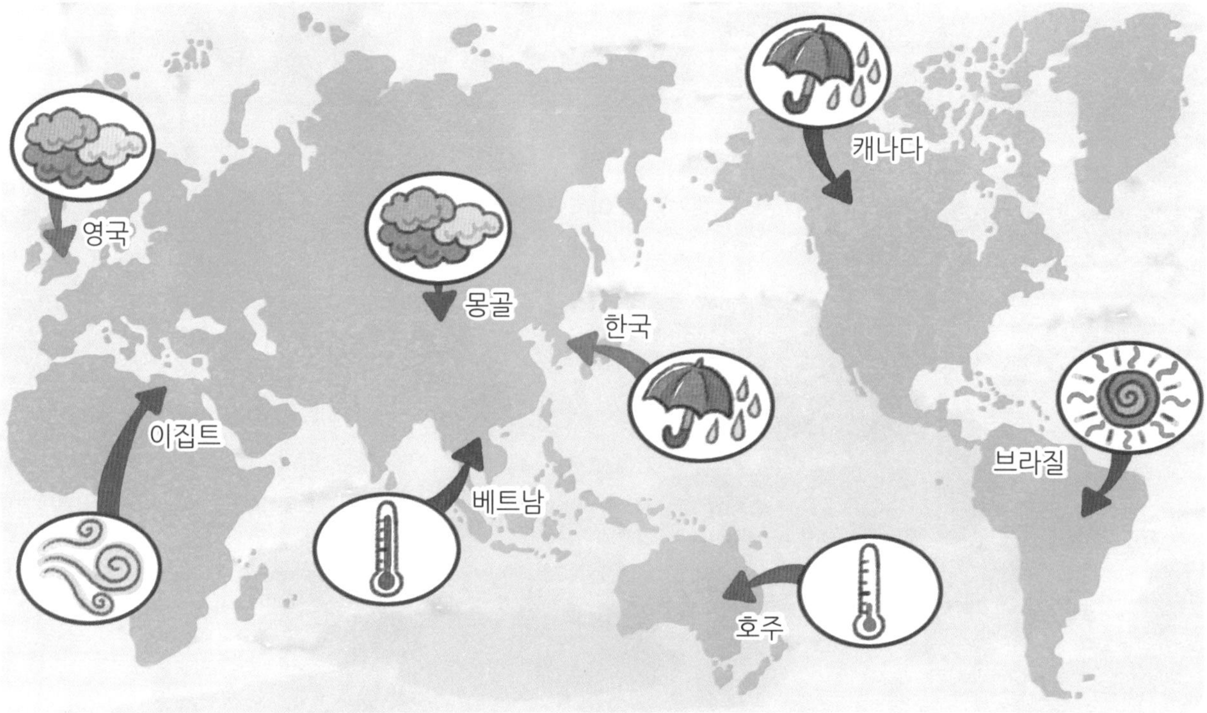

3 오늘 날씨가 어때요? 어제 날씨가 어땠어요? 친구하고 이야기해 봐요.
How is the weather today? How was the weather yesterday? Ask each other and respond.

3

계절의 특징·활동 seasonal characteristics & activities

1 여러분은 봄, 여름, 가을, 겨울에 보통 무엇을 해요? 친구하고 이야기해 봐요.
What do you usually do in the spring, summer, autumn, and winter? Ask each other and respond.

4

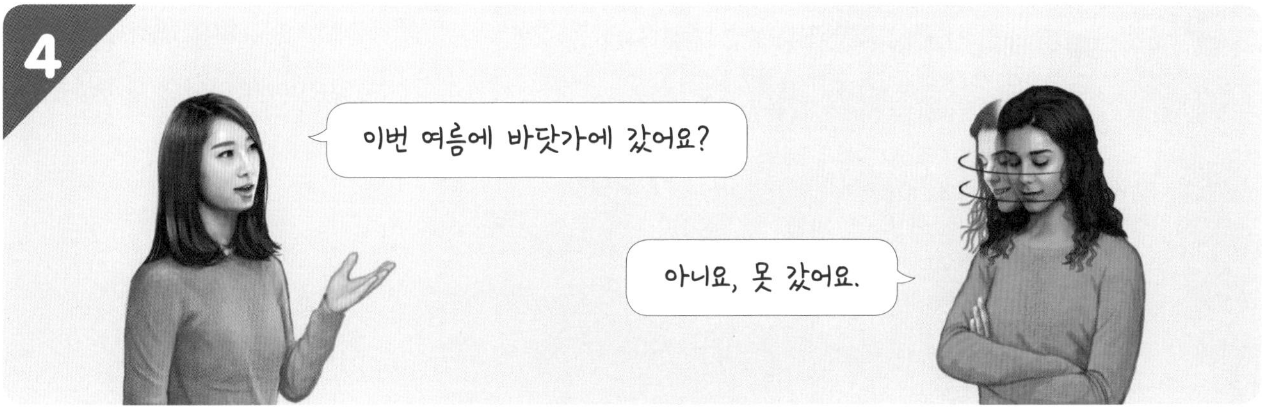

1) 가 방학에 고향에 갔어요?
   나 일이 많았어요. 그래서 못 갔어요.

2) 가 두엔 씨, 숙제했어요? (숙제하다 do homework)
   나 아니요, 숙제 못 했어요.

3) 가 커피 마실래요?
   나 아니요, 저는 커피를 안 마셔요. 잠을 못 자요. (잠 sleep)

4) 가 지금 선생님 이야기를 들었어요?
   나 아니요, 저도 못 들었어요.

못

- 동사 앞에 쓰여 어떤 행동을 할 능력이 없거나 할 상황이 안 됨을 나타낸다.
  It is added in front of a verb to indicate the subject's lack of ability to do something or impossibility of doing something due to an external circumstance.
- '명사+하다'의 동사는 '명사+못+하다'의 형태로 쓴다.
  For verbs that are formed with Noun +하다, the negative adverb is placed between the noun and 하다, thus becoming Noun +못+하다.

1 **다음과 같이 이야기해 봐요.**
Practice with your partner as shown below.

① 친구, 만나다
② 꽃구경, 하다
③ 많이, 자다
④ 옷, 사다
⑤ 출근하다
⑥ 스키, 타다
⑦ 부모님, 전화하다
⑧ 고향 음식, 먹다

단풍 구경, 하다

가 어제 단풍 구경을 했어요?
나 아니요, 단풍 구경을 못 했어요.

2 **한국에서 무엇을 하고 싶었어요? 그것을 했어요? 못 했어요? 다음과 같이 친구하고 이야기해 봐요.**
What did you want to do in Korea? Did you do it? Couldn't you do it? Practice with your partner as shown below.

놀이공원에 가다	부산에 가다 (X)	제주도에 여행을 가다	콘서트에 가다
춤을 배우다	한국 요리를 배우다	한강 공원에서 치킨을 먹다	한국 친구를 사귀다
홍대에서 놀다	경복궁을 구경하다	이태원을 구경하다	?

가 한국에서 뭐 하고 싶었어요?
나 부산에 가고 싶었어요. 그렇지만 못 갔어요.

5

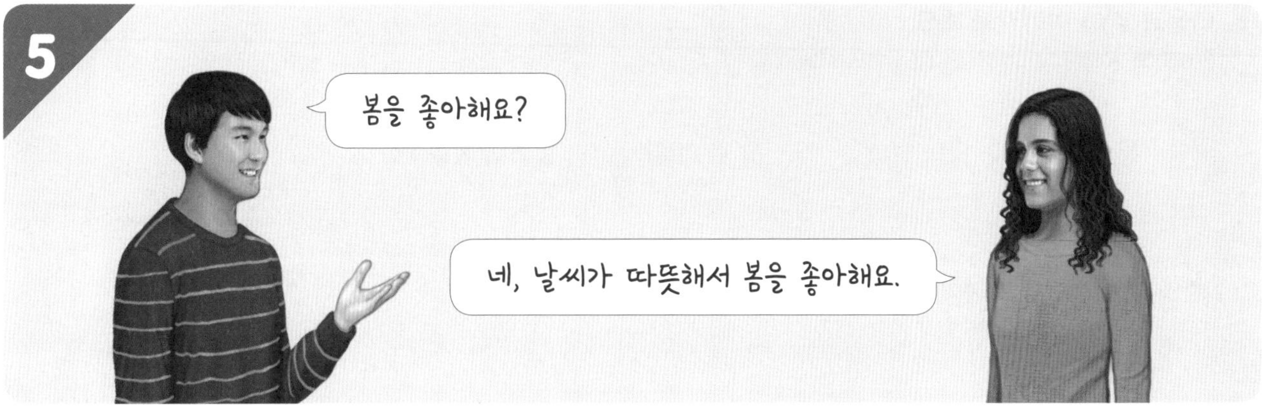

1) 가 왜 여름을 싫어해요?
   나 너무 더워서 안 좋아해요.
   (너무 → too)
2) 가 밖에 날씨가 어때요?
   나 바람이 많이 불어서 조금 추워요.
3) 가 어제 꽃구경을 잘했어요?
   (잘하다 do well)
   나 아니요, 일이 많아서 못 했어요.
4) 가 오늘 우리 집에 올래요?
   나 미안해요. 오늘은 피곤해서 집에 가고 싶어요.
   (피곤하다 tired)

-아서/어서/여서

- 뒤의 내용에 대한 이유를 나타낸다.
  It is used to describe the reason for the following phrase.

'ㅏ/ㅗ'일 때	-아서	좋아서
'ㅏ/ㅗ'가 아닐 때	-어서	불어서
'하다'일 때	-여서	하여서 → 해서

- 이유를 물을 때는 '왜'로 질문해요.
  We use 왜 when asking the reason.
  왜 봄을 좋아해요?

1 다음과 같이 이야기해 봐요.
Practice with your partner as shown below.

① 봄 / 꽃이 많이 피다
② 여름 / 방학이 있다
③ 여름 / 휴가가 있다
④ 가을 / 안 덥다
⑤ 가을 / 단풍이 들다
⑥ 겨울 / 눈이 오다

봄
따뜻하다

가 왜 봄을 좋아해요?
나 따뜻해서 좋아해요.

2 다음과 같이 이야기해 봐요.
Practice with your partner as shown below.

✔ 못 사다	비싸다	싸다	사다 ✔
못 먹다	아프다	맛있다	많이 먹다
못 하다	바쁘다	예쁘다 ✔	사진을 찍다
	✔ 돈이 없다	좋아하다	
	날씨가 나쁘다	날씨가 좋다	

가 왜 못 샀어요?
나 돈이 없어서 못 샀어요.

가 왜 샀어요?
나 예뻐서 샀어요.

3 여러분은 왜 한국어를 배워요? 친구하고 이야기해 봐요.
Why do you learn Korean language? Ask each other and respond.

한 번 더 연습해요 Let's practice again

1 다음 대화를 들어 보세요. (102)
Listen to the conversation.

1) 웨이 씨는 어제 무엇을 했어요? 어땠어요?
What did Wei do yesterday? How was it?

2) 두엔 씨는 왜 못 갔어요?
Why couldn't Duen go?

2 다음 대화를 연습해 보세요.
Practice the conversations below with your partner.

웨이 씨, 어제 단풍 구경을 잘했어요?

네, 단풍이 예쁘고 날씨도 시원해서 아주 좋았어요.
그런데 두엔 씨는 왜 안 왔어요?

저는 아파서 못 갔어요.

3 여러분도 이야기해 보세요.
Ask each other questions and respond.

1) 꽃구경, 잘하다

가	바쁘다
나	꽃, 많이 피다 / 날씨, 맑다

2) 바닷가, 가다

가	일, 있다
나	수영, 하다 / 날씨, 좋다

3) 스키, 타다

가	숙제, 있다
나	눈, 많이 오다 / 재미있다

이제 해 봐요 Let's try

들어요

1 다음은 좋아하는 계절에 대한 대화입니다. 잘 듣고 질문에 답해 보세요. 103

Listen carefully to a conversation about favorite seasons and answer the questions.

1) 두 사람은 어느 계절을 좋아해요?
Which seasons do they like? Write down the answers.

카밀라		하준	

2) 들은 내용과 같으면 ○, 다르면 ×에 표시하세요.
Mark ○ if the statement is true and × if the statement is false.

① 카밀라 씨는 한국에서 꽃구경을 했어요. ○ ×

② 하준 씨는 스키를 좋아해요. ○ ×

말해요

1 여러분은 어느 계절을 좋아해요? 어느 계절을 싫어해요? 친구하고 이야기해 보세요.

Which season do you like? Which season do you dislike? Ask each other and respond.

1) 좋아하는 계절과 이유, 싫어하는 계절과 이유를 메모하세요.
Write the reasons you like or dislike that particular season.

	계절	이유
좋아하는 계절		
싫어하는 계절		

2) 좋아하는 계절과 싫어하는 계절에 대해 친구하고 이야기하세요.
Talk about the seasons you like and dislike with your partner.

읽어요

1 다음은 좋아하는 계절을 소개한 글입니다. 잘 읽고 질문에 답해 보세요.

Read carefully the passage about the seasons the person likes and answer the questions.

저는 봄하고 가을을 좋아해요. 봄은 따뜻하고 꽃이 많이 피어서 좋아해요. 그리고 가을은 시원해서 좋아해요. 지난봄에 한국에서 친구들하고 꽃구경을 했어요. 아주 재미있었어요. 가을에는 단풍 구경을 할 거예요. 단풍 사진을 많이 찍고 싶어요.

1) 이 사람은 어느 계절을 좋아해요? 모두 고르세요.
Which seasons does the person like? Choose all the correct answers.

① 
② 
③ 
④ 

2) 이 사람은 봄에 무엇을 했어요?
What did the person do in spring? Write down the answer.

3) 이 사람은 가을에 무엇을 하고 싶어 해요?
What does the person want to do in autumn? Write down the answer.

써요

1 여러분이 좋아하는 계절에 대해 써 보세요.
Write about the season you like.

1) 어느 계절을 좋아해요? 날씨가 어때요? 보통 무엇을 해요? 메모하세요.
Which season do you like? How is the weather during the season? What do you usually do? Write some keywords.

어느 계절?	
그 계절 날씨?	
보통 무엇?	

2) 메모한 것을 바탕으로 글을 쓰세요.
Based on the keywords, write a passage.

문화 한국의 사계절과 날씨 The four seasons and weather in Korea

- 한국의 봄, 여름, 가을, 겨울의 날씨는 어떨까요?
  How is the weather in Korea during the spring, summer, autumn, and winter?

Korea has four seasons—spring, summer, autumn, and winter. Spring is warm and windy. Sometimes severe fine dust occurs in spring. Summer tends to be very hot and humid as it is the rainy season. Autumn is cool and the weather is good. In winter, it snows and the weather is very cold. Autumn and winter are dry.

- 제일 더울 때와 제일 추울 때는 어느 정도예요?
  What are the coldest and hottest temperatures in Korea?

The hottest temperature in Korea reaches around 37℃, and from the end of July through early August is the hottest period. The coldest temperature is around -20℃. January is the coldest month. Therefore, if you like to visit Korea, avoid those months.

- 여러분의 나라는 어느 계절이 있어요? 날씨가 어때요? 소개해 보세요.
  What seasons does your country have? How is the weather? Introduce the seasons and weather of your country.

자기 평가
Self-Check

이번 과 공부는 어땠어요? 별점을 매겨 보세요!
How was this lesson? Please rate it.

날씨와 계절에 대해 묻고 답할 수 있어요?	☆ ☆ ☆ ☆ ☆

정답

6과 하루 일과

들어요

1) ③, ⑦, ⑧ 2) ②

읽어요

1) 네, 학교에 가요.
2) 12시 30분에 점심을 먹어요.
3) 오후 8시에 해요.

7과 한국 생활

들어요

1) 작년에 한국에 왔어요.
2) 한국 친구를 사귀고 한국 음식을 많이 먹었어요.

읽어요

1) 지난달에 왔어요.
2) 친구를 사귀었어요. 친구들하고 놀고 이야기도 하고 공부도 했어요.
3) 재미있고 좋아요.

8과 음식

들어요

1)

2) ① × ② ○

읽어요

1) 아니요, 안 먹어요.
2) 불고기를 먹었어요.
3) 안 매웠어요. 맛있었어요.

9과 휴일

들어요

1) 다음 주 월요일부터 목요일까지예요.
2) ②, ③

읽어요

1) 다음 주 화요일부터 방학이에요.
2) 서울을 구경할 거예요. 경복궁하고 한강 공원에 갈 거예요. (사진을 찍을 거예요.)

10과 날씨와 계절

들어요

1) **카밀라**: 봄을 좋아해요. **하준**: 겨울을 좋아해요.
2) ① × ② ○

읽어요

1) ①, ③
2) 꽃구경을 했어요.
3) (단풍 구경을 하고 싶어 해요.) 단풍 사진을 많이 찍고 싶어 해요.

듣기 지문

6과 하루 일과

061 생각해 봐요

카밀라 저녁에 뭐 해요?
하준 운동을 해요. 그리고 자요.

062 한 번 더 연습해요

지아 다니엘 씨, 아침에 운동을 해요?
다니엘 아니요, 아침에 운동을 안 해요.
지아 그럼 언제 운동을 해요?
다니엘 저녁에 운동을 해요.

063 이제 해 봐요

남 두엔 씨는 아침에 몇 시에 일어나요?
여 일곱 시에 일어나요.
남 그럼 아침을 먹어요?
여 아니요, 아침을 안 먹어요. 커피를 마셔요.
남 학교에는 몇 시에 가요?
여 여덟 시 반에 가요.
남 오후에는 뭐 해요?
여 친구하고 놀아요. 쇼핑을 해요.

7과 한국 생활

071 생각해 봐요

하준 카밀라 씨는 언제 한국에 왔어요?
카밀라 지난달에 왔어요.
하준 한국 생활이 어때요?
카밀라 재미있어요.

072 한 번 더 연습해요

지아 웨이 씨, 언제 한국에 왔어요?
웨이 지난달에 왔어요.
지아 한국에서 무엇을 했어요?
웨이 한국어를 공부하고 한국 친구를 사귀었어요.
지아 한국 생활이 어때요?
웨이 재미있고 좋아요.

073 이제 해 봐요

남 카밀라 씨, 언제 한국에 왔어요?
여 지난달에 왔어요. 무함마드 씨는요?
남 저는 작년에 한국에 왔어요. 카밀라 씨는 한국에서 무엇을 했어요?
여 한국 친구를 사귀고 한국 음식을 많이 먹었어요. 한국 생활이 정말 재미있어요.

8과 음식

081 생각해 봐요

다니엘 여기는 무엇이 맛있어요?
지아 비빔밥이 맛있어요.

082 한 번 더 연습해요

다니엘 지아 씨, 뭐 먹을래요?
지아 저는 순두부찌개를 먹을래요.
다니엘 순두부찌개는 맛이 어때요?
지아 조금 매워요. 그렇지만 맛있어요.
다니엘 매워요? 그럼 저는 삼계탕을 먹을래요.

083 이제 해 봐요

여 뭐 먹을래요?

남 이 식당은 갈비탕이 맛있어요. 나쓰미 씨, 갈비탕을 먹을래요?

여 저는 갈비탕을 안 좋아해요.

남 그래요? 여기는 비빔밥도 맛있어요.

여 안 매워요?

남 네, 안 매워요.

여 그럼 저는 비빔밥을 먹을래요.

남 여기요, 비빔밥 하나하고 갈비탕 하나 주세요.

9과 휴일

091 생각해 봐요

두엔 지난 주말에 뭐 했어요?

웨이 집에서 쉬었어요. 두엔 씨는요?

두엔 저는 친구하고 놀이공원에 갔어요.

092 한 번 더 연습해요

두엔 이번 방학에 뭐 할 거예요?

웨이 저는 여행을 갈 거예요.

두엔 어디에 갈 거예요?

웨이 제주도에 갈 거예요. 두엔 씨는 뭐 할 거예요?

두엔 고향 친구를 만나고 싶어요. 그래서 고향에 갈 거예요.

093 이제 해 봐요

여 다니엘 씨는 휴가가 언제예요?

남 다음 주 월요일부터 목요일까지예요.

여 이번 휴가에 뭐 할 거예요?

남 부산에 여행을 갈 거예요.

여 그래요? 부산에서 뭐 할 거예요?

남 구경을 하고 한국 음식도 많이 먹을 거예요.

10과 날씨와 계절

101 생각해 봐요

지아 저는 봄을 좋아해요. 웨이 씨는 어느 계절을 좋아해요?

웨이 저는 겨울을 좋아해요.

102 한 번 더 연습해요

두엔 웨이 씨, 어제 단풍 구경을 잘했어요?

웨이 네, 단풍이 예쁘고 날씨도 시원해서 아주 좋았어요. 그런데 두엔 씨는 왜 안 왔어요?

두엔 저는 아파서 못 갔어요.

103 이제 해 봐요

남 카밀라 씨는 어느 계절을 좋아해요?

여 저는 봄을 좋아해요.

남 왜 봄을 좋아해요?

여 꽃이 많이 피어서 좋아해요.

남 한국에서 꽃구경을 했어요?

여 아니요, 못 했어요. 하준 씨는 어느 계절을 좋아해요?

남 저는 스키를 좋아해서 겨울을 좋아해요.

발음

6과 소리 내어 읽기 1

064 1) 안녕하세요? 저는 김민정이에요. 만나서 반갑습니다.

2) 저는 오늘 학교에 가요. 학교에서 한국어를 공부해요.

3) 저는 일본 사람이에요. 한국인 친구가 두 명 있어요.

4) 오후에 백화점에 가요. 옷을 사요. 그리고 신발도 사요.

5) 저는 축구를 좋아해요. 아침에 친구하고 축구를 해요.

065 남 안녕하세요? 저는 페르난데스예요. 멕시코 사람이에요. 지금은 한국에서 살아요. 한국 회사에 다녀요. 저는 보통 아침 일곱 시에 일어나요. 아침에 운동을 해요. 그리고 오전 아홉 시부터 오후 여섯 시까지 회사에서 일해요. 저녁은 보통 친구들하고 같이 먹어요. 한국 생활은 재미있어요.

9과 소리 내어 읽기 2

094 1) 어제는 휴일이었어요. 그래서 학교에 안 갔어요. 오전에는 집에서 쉬었어요. 청소를 하고 빨래를 했어요. 오후에는 서울을 구경했어요. 경복궁에도 가고 남산서울타워에도 갔어요. 정말 아름다웠어요. 다음 휴일에는 다른 곳에 가 보고 싶어요.

2) 저는 삼 개월 전에 한국에 왔어요. 지금 한국에서 혼자 살아요. 한국 음식을 좋아해서 자주 먹어요. 삼계탕도 좋아하고 비빔밥도 좋아해요. 지난주에는 집에서 비빔밥을 만들었어요. 조금 어려웠지만 재미있었어요. 다음 주에도 한국 음식을 만들 거예요.

어휘 찾아보기 (단원별)

6과

시 · 분

한 시, 두 시… 열두 시, 일 분, 이 분… 오십 분, 한 시 일 분, 열한 시 반

시간

아침, 점심, 저녁, 새벽, 낮, 밤, 오전, 오후

하루 일과

일어나다, 씻다, 아침/점심/저녁을 먹다, 학교에 가다, 수업이 시작되다, 수업이 끝나다, 출근하다, 일하다, 쉬다, 퇴근하다, 집에 오다, 음식을 만들다, 샤워하다, 자다

새 단어

언제, 보통, 그리고, 다니다, 혼자, 그러면

7과

시간

그저께, 어제, 오늘, 내일, 모레, 지난주, 이번 주, 다음 주, 지난달, 이번 달, 다음 달, 작년, 올해, 내년

기간

분, 시간, 일, 하루, 이틀, 주일, 달, 연(년), 전, 후

새 단어

부모님, 그래서, 힘들다, 사귀다, 아주, 괜찮다, 그때

8과

음식

비빔밥, 김치찌개, 된장찌개, 순두부찌개, 갈비탕, 삼계탕, 불고기, 삼겹살, 냉면, 국수, 밥, 김치, 김밥, 라면, 떡볶이, 만두, 치킨, 돈가스, 피자, 햄버거

맛

짜다, 달다, 시다, 쓰다, 맵다, 싱겁다

새 단어

레몬, 계속, 기다리다, 처음

9과

쉬는 날

주말, 휴일, 연휴, 휴가, 방학

휴일 활동

집에서 쉬다, 청소하다, 빨래하다, 게임을 하다, 산책하다, 쇼핑하다, 구경하다, 사진을 찍다, 영화를 보다, 춤을 배우다, 요리를 배우다, 콘서트에 가다, 놀이공원에 가다, 박물관에 가다, 고향에 가다, 여행을 가다

새 단어

그렇지만, 생일 축하해요, 선물

10과

계절

봄, 여름, 가을, 겨울

날씨

따뜻하다, 덥다, 시원하다, 춥다, 맑다, 흐리다, 비가 오다, 눈이 오다, 바람이 불다, 날씨가 좋다, 날씨가 나쁘다

계절의 특징 · 활동

꽃이 피다, 꽃구경을 하다, 바닷가에 가다, 수영하다, 단풍이 들다, 단풍 구경을 하다, 스키를 타다, 눈사람을 만들다

새 단어

숙제하다, 잠, 너무, 잘하다, 피곤하다

어휘 찾아보기 (가나다순)

ㄱ

가을 88
갈비탕 56
게임을 하다 76
겨울 88
계속 62
고향에 가다 76
괜찮다 48
구경하다 76
국수 56
그때 51
그래서 40
그러면 31
그렇지만 79
그리고 27
그저께 43
기다리다 64
김밥 57
김치찌개 56
꽃구경을 하다 92
꽃이 피다 92

ㄴ

날씨가 나쁘다 89
날씨가 좋다 89
낮 26
내년 43
내일 43
냉면 56
너무 95
놀이공원에 가다 76
눈사람을 만들다 92
눈이 오다 89

ㄷ

다니다 31
다음 달 43
다음 주 43
단풍 구경을 하다 92
단풍이 들다 92
달 46
달다 58
덥다 89
돈가스 57
된장찌개 56
두 시 24
따뜻하다 89
떡볶이 57

ㄹ

라면 57
레몬 59

ㅁ

만두 57
맑다 89
맵다 58
모레 43

ㅂ

바닷가에 가다 92
바람이 불다 89
박물관에 가다 76
밤 26
밥 56
방학 74
보통 27
봄 88
부모님 40
분 45
불고기 56
비가 오다 89
비빔밥 56
빨래하다 76

ㅅ

사귀다 48
사진을 찍다 76
산책하다 76
삼겹살 56
삼계탕 56
새벽 26
생일 축하해요 79
샤워하다 28

선물 79
쇼핑하다 76
수업이 끝나다 28
수업이 시작되다 28
수영하다 92
숙제하다 93
순두부찌개 56
쉬다 28
스키를 타다 92
시간 45
시다 58
시원하다 89
싱겁다 58
쓰다 58
씻다 28

ㅇ

아주 48
아침 26
아침/점심/저녁을 먹다 28
어제 43
언제 27
여름 88
여행을 가다 76
연(년) 46
연휴 74
열두 시 24
열한 시 반 25
영화를 보다 76
오늘 43
오십 분 25
오전 26
오후 26
올해 43
요리를 배우다 76
음식을 만들다 28
이 분 25
이번 달 43
이번 주 43
이틀 45
일 45
일 분 25
일어나다 28
일하다 28

ㅈ

자다 28
작년 43
잘하다 95
잠 93
저녁 26
전 46
점심 26
주말 74
주일 45
지난달 43
지난주 43
집에 오다 28
집에서 쉬다 76
짜다 58

ㅊ

처음 69
청소하다 76
출근하다 28
춤을 배우다 76
춥다 89
치킨 57

ㅋ

콘서트에 가다 76

ㅌ

퇴근하다 28

ㅍ

피곤하다 95
피자 57

ㅎ

하루 45
학교에 가다 28
한 시 24
한 시 일 분 25
햄버거 57
혼자 31
후 46
휴가 74
휴일 74
흐리다 89
힘들다 40

문법 찾아보기

6과

에

- 시간을 나타내는 명사에 붙어 어떤 동작이나 행위, 상태가 일어나는 시간을 나타낸다.
  It is attached to expressions of time to indicate when a certain action, activity, or condition occurs.
- 시간이나 때를 물을 때는 '언제'를 사용한다.
  언제 is used to ask about the time.
- 두 개 이상의 시간 명사를 쓸 때는 큰 단위를 먼저 쓰며, '에'는 마지막 명사 뒤에만 붙인다.
  When two expressions of time or more are used in a sentence, they are arranged in a descending date and time format, and 에 is added only for the last time noun.
- '언제, 지금, 어제, 오늘, 내일, 모레' 등에는 '에'를 붙이지 않는다.
  에 is not added after some expressions of time such as 언제, 지금, 오늘, 내일, 모레, 어제.

가 언제 친구가 와요?
나 오늘 저녁에 와요.

그 사람은 1995년 12월 30일 오전 7시에 태어났어요.

안

- 동사나 형용사 앞에 쓰여 부정이나 반대의 뜻을 나타낸다.
  It is a negative adverb placed in front of a verb or adjective

안	동사
	형용사

- '명사+하다'의 동사는 '명사+안+하다'의 형태로 쓴다.
  For verbs that are formed with Noun+하다, the negative adverb is placed between the noun and 하다, thus becoming Noun+안+하다.
- 있다→없다, 알다→모르다, 좋아하다→안 좋아하다

가 보통 아침을 먹어요?
나 아니요, 안 먹어요.

7과

-았어요/었어요/였어요

- 어떤 사건이나 행위가 이야기하는 시점에서 이미 일어났음을 나타낸다.
  The expressions indicate that a certain event or action already occurred at the time of speaking.

동사 형용사	ㅏ, ㅗ O	-았어요	좋다→좋았어요
	ㅏ, ㅗ ×	-었어요	맛없다→맛없었어요
	하다	-였어요	운동하다→운동했어요

명사	받침 O	이었어요	회사원이었어요
	받침 ×	였어요	의사였어요

가 어제 뭐 했어요?
나 집에서 쉬었어요.

가 고향에서 회사에 다녔어요?
나 아니요, 학생이었어요.

-고

- 둘 이상의 대등한 내용을 나열함을 나타낸다.
  It is used to connect two or more clauses or ideas.

동사 형용사	받침 O	-고	듣다→듣고
	받침 ×		바쁘다→바쁘고

가 사무실은 어때요?
나 크고 좋아요.

가 어제 뭐 했어요?
나 오전에 운동하고 오후에 친구를 만났어요.

8과

-(으)ㄹ래요

- 자신의 의향을 말하거나 상대방의 의향을 물을 때 사용한다.
  It is used to express the speaker's intention or ask the other's intention.

동사	받침 O	-을래요	먹다 → 먹을래요
	받침 × ㄹ받침	-ㄹ래요	자다 → 잘래요 놀다 → 놀래요

- 비격식적인 구어에서 많이 사용한다.
  It is frequently used in casual conversations.

가 주스 마실래요?
나 아니요, 안 마실래요.

-(으)세요

- 상대방에게 그 행동을 하도록 명령할 때 사용한다.
  It is used to tell another person to perform a certain behavior.

동사	받침 O	-으세요	씻다 → 씻으세요
	받침 × ㄹ받침	-세요	말하다 → 말하세요 살다 → 사세요

- 먹다, 마시다 → 드세요, 자다 → 주무세요

가 여기에 쓰세요.
나 네, 알겠어요.

가 맛있게 드세요.
나 고마워요.

9과

-(으)ㄹ 것이다

- 앞으로의 할 일이나 계획을 나타낸다.
  It describes a thing or plan to do.

동사	받침 O	-을 것이다	먹다 → 먹을 것이다
	받침 × ㄹ받침	-ㄹ 것이다	보다 → 볼 것이다 만들다 → 만들 것이다

- 일상 대화에서는 '-(으)ㄹ 거예요'나 '-(으)ㄹ 것이에요'로 말한다.
  We say -(으)ㄹ 거예요 or -(으)ㄹ 것이에요 in casual conversations.

가 내일 뭐 할 거예요?
나 쇼핑할 거예요.

-고 싶다

- 희망이나 바람을 나타낸다.
  It describes hope or desire.

동사	받침 O	-고 싶다	읽다 → 읽고 싶다
	받침 ×		사귀다 → 사귀고 싶다

- 나, 너가 아닌 다른 사람의 희망이나 바람을 나타낼 때는 '-고 싶어 하다'를 사용한다.
  -고 싶어 하다 is used to express the hope or desire of others, not the speaker or hearer.

가 뭐 먹고 싶어요?
나 삼겹살 먹고 싶어요.

가 주말에 뭐 할 거예요?
나 두엔 씨가 놀이공원에 가고 싶어 해요. 그래서 같이 갈 거예요.

10과

못

- 동사 앞에 쓰여 어떤 행동을 할 능력이 없거나 할 상황이 안 됨을 나타낸다.
  It is added in front of a verb to indicate the subject's lack of ability to do something or impossibility of doing something due to an external circumstance.

못 동사

- '명사+하다'의 동사는 '명사+못+하다'의 형태로 쓴다.
  For verbs that are formed with Noun + 하다, the negative adverb is placed between the noun and 하다, thus becoming Noun + 못 + 하다.

가 수영해요?
나 아니요, 수영 못 해요.

-아서/어서/여서

- 뒤의 내용에 대한 이유를 나타낸다.
  It is used to describe the reason for the following phrase.

동사 형용사	ㅏ, ㅗ ○	-아서	많다 → 많아서
	ㅏ, ㅗ ×	-어서	피다 → 피어서
	하다	-여서	시원하다 → 시원해서

- 과거의 이유를 말할 때도 '-아서/어서/여서'를 사용한다.
  -아서/어서/여서 are also used to express a reason in past tense.

가 왜 학교에 안 왔어요?
나 아파서 못 왔어요.

늦어서 미안해요.

MEMO

MEMO

MEMO

고려대 한국어 1B

English Version

초판 발행 2019년 8월 12일
2판 발행 1쇄 2022년 6월 20일

지은이 고려대학교 한국어센터

펴낸곳 고려대학교출판문화원
www.kupress.com
kupress@korea.ac.kr
02841 서울특별시 성북구 안암로 145
Tel 02-3290-4230, 4232
Fax 02-923-6311

유통 한글파크
www.sisabooks.com / hangeul
book_korean@sisadream.com
03017 서울시 종로구 자하문로 300 시사빌딩
Tel 1588-1582
Fax 0502-989-9592

일러스트 최주석, 황주리

편집디자인 한글파크

찍은곳 (주)동화인쇄

ISBN 979-11-90205-00-9 (세트)
979-11-90205-62-7 04710

값 17,000원